《儒风大家》「大千文化沙龙」专辑

問道三人行

王大千 常强 编著

山东大学出版社

图书在版编目(CIP)数据

问道三人行/王大千,常强编著.—济南:山东大学出版社,2015.12

ISBN 978-7-5607-4935-8

Ⅰ.①问… Ⅱ.①王… ②常… Ⅲ.①名人—访问记—中国—现代 Ⅳ.①K820.7

中国版本图书馆CIP数据核字(2013)第269969号

封面题签:刘玉泉
封面配图:马树峰
内文配图:魏启后　马树峰
责任编辑:马银川
封面设计:张　荔

出版发行:山东大学出版社
社　址　山东省济南市山大南路20号
邮　编　250100
电　话　市场部(0531)88364466
经　销:山东省新华书店
印　刷:济南新科印务有限公司
规　格:720毫米×1000毫米　1/16
13.5印张　241千字
版　次:2015年12月第1版
印　次:2015年12月第1次印刷
定　价:28.00元

前言

在问道中“温故”“知心”

当我们和受访的朋友聚在一起聊天、对话与交流的时候，思想的聚餐也就自然而然开始了。其实，老子、孔子等哲人从来没有把“道”描述得多么深奥，多么晦涩。“道”就在生活的底层中，就在我们的“日用而不知”中。其实工作与生活中所接触到的朋友，不论是学者、企业家，还是从事其他行业的人，其身上都有闪光和值得我们学习的地方。可谓“三人行必有我师”。

春秋末年，孔子曾适周，问礼于老子。老子当时是“守藏室之史”，也就是周王朝国家图书馆的馆长，自然饱读诗书，满腹经纶，否则他也不会写出《道德经》这样的千古经典。在历史记载上，孔子曾向许多人求教，他有许多位老师，但“问礼老子”无疑是他一生中最重要的一次“问道”。孔子见到老子以后，把老子视作龙一样的人物，由此可见老子的气度、学识、见解绝非一般。

文化意义上的圣人，绝非天生，乃是后天修炼而成的。一个人，只有肯向一切人虚心求教，才能不断进步和提升。我们看《论语》会发现，孔子使用的是场景式教学、互动式教学，每个人都是老师，每个人也都是学生，师徒相互切磋，共同提升。“圣人无常师”，像孔子这样的圣人，都是乐于“问道”的榜样和标杆。

十几年以来，在传统文化的学习和实践过程中，我产生了许多思考和感悟。与诸多朋友的交流碰撞，使得这些想法进一步完善成熟。该书命名为“问道”，有两层意思：一是大家共同向孔子等往圣先贤学习，学习他们的智慧，感悟人生的价值和意义；二是访谈嘉宾，犹如进入一个“翻转课堂”，彼此相互学习，跨越术业的隔阂，打通灵魂的对接通道。

我认为，我们今天礼敬传统、问道圣贤，这属于“温故”的过程，同时也是古今融通的过程。“温故”的落脚点，在于做到“五知”——温故知新、知常达变、自知之明、知难而进、知足常乐。如果要用一个词来概括这五个方面，我想应该是“知心”——认识自己的内心，叩问自己的内心，安好自己的内心。

这是一本我与社会各界贤达交流对话的语录体文集。访谈嘉宾有鲍鹏山、钱宁等学养深厚的学者，有赵永庄、吴炳新等功成名就的儒商，有李广斌、廖华南等传统文化产业化的探路人，也有王广海、满长征等这样把传统文化融入机关、企业等管理层面的领导者。他们都是传统文化的爱好者、认同者、研究者和践行者，都是我的同道中人、“知心”朋友。但愿我们带着虔敬之心的“温故”之旅、“朝圣”之旅，能引起读者共鸣，也能带动更多人去思索、探究传统文化的历史价值和时代意义。我们愿在孔老夫子的庇佑下，结缘更多的“知心”朋友。

是为序。

王大千

2015 年 11 月 26 日识于济南

目录

中国历史上讲礼仪，我认为源头在孔子那里。

——吴炳新

第一期
对话吴炳新：我还不敢“从心所欲”

提起三株口服液，至今许多人仍记忆犹新。三株集团曾在20世纪末创造了中国商界的奇迹，但“三株帝国”没过多久便轰然倒塌，给人留下太多的思考。然而其创始人、三株集团董事长吴炳新先生老当益壮，年过七旬，却依旧热情饱满地从事着他认为正确且值得坚守的事情。本期沙龙，大千先生将对话著名企业家吴炳新先生，让我们一起看看，昔日挥斥方遒的吴炳新先生，到底有没有走下他的“神坛”？

■嘉宾　王大千
吴炳新　三株药业集团董事长

□主持　常强

□吴总好！自 20 世纪 90 年代您与王秘书长就开始交往，那时他在创办《生活日报》，您的三株事业也如日中天。之后的十几年来，王秘书长一直关注着您事业的发展和您的思考及论著，见证了三株的兴衰与沉浮。您已经过了孔老夫子所说的“从心所欲不逾矩”的年纪。吴总对中国传统文化有深入的研究，孔子与中国传统文化对您和您的事业有哪些影响？您如何评价孔子？

■吴炳新：中国人都受到传统文化的影响与熏陶，中国文化博大精深。世界四大文明古国，中国是唯一没有遭遇文化断裂的国家，中华文化一脉相承，一直延续到了今天。关于中国古代典籍，我读了许多，包括《道德经》《论语》《墨子》《管子》等等。研究孔子，应该以研究《论语》为主，这本书集中体现了孔子的思想。孔子的“克己复礼”尽管在当时来看是恢复周朝的礼仪，但孔子的主张在当时是历史的一种进步。孔子看不惯当时的社会现实。

关于孔子的评价，有的人认为孔子是保守派，因为他的思想不符合时代发展潮流。在历史更替中，只能是新的力量代替旧的力量，进步的力量代替落后的力量。但是，评价孔子，要辩证地去看，他的理论是有助于社会进步的，在今天仍有价值。

■王大千：我非常敬佩您以高龄之身还依旧这么勤奋好学，每天 3 点多就起床看书写作，不仅完成了 150 万字的三卷本《消费论》，而且还准备再写管理哲学方面的论著。孔子所说的“敏而好学”“不知老之将至”，在您身上可以说是得到了充分的体现。从吴总的身上，我们看到了儒家所提倡的自强不息、刚健有为的精神。

■吴炳新：孔子是我的一个榜样，毛泽东也是我的一个榜样。孔子在他的那个年代博古通今，他的学习是终身的，始终不断虚心学习。孔子的学习精神，值得我们每一个人去学习。我们今天的人，享受如此丰富的资源，按理来说，更容易成才，但我们好多人，尤其是一些大学生，空有知识，却并没有真正成为栋梁之材。

好多人认为,我的成功源于我是一个天才。我在美国休斯敦大学演讲时,有人问我:“您又当企业家又著书立说,您是一个天才吗?”我回答说:“我不是什么天才,我的成功不是依靠天赋,而是靠我的‘三字经’:一曰勤,二曰善,三曰敢。我总结我的一生,主要是坚持了六点:勤于学习,勤于实践;善于思考,善于总结;敢于创新,敢于胜利。”

□希望吴总能回顾一下您的人生历程,因为您的心得体会会给今天的企业家带来一些珍贵而且重要的启示。

■王大千:我们知道,孔子虽然为一世圣贤,但其生平却多苦多难。他幼年丧父,少也贱,年至十五方有志于学,中年丧妻而老年丧子,一生颠沛流离,政治抱负不能实现。孔子所受之苦是常人所不能及的,但他仍然用最大的仁爱去面对残酷的世事。他用平常之心来对待这些苦难,做到“智者乐,仁者寿”,不仅不以自身所受之累怨天尤人,反而要以一己之力教化世人,传播他的仁爱思想。吴总的人生经历在好些地方与孔夫子相似。您是1938年出生的,正好经历了新旧社会和几个不同的历史时期。

■吴炳新:我小时候家境十分贫寒,五六岁就失去了父母双亲,可以说从懂事起,就是在苦日子中熬过来的。我共有兄妹八人,最后活下来的只有大哥和最小的我。到11岁时,我才读了小学。小学毕业后,拮据的生活迫使我退了学。

1954年,全国普遍成立初级社,当时16岁的我自告奋勇当上了村初级社的会计,后来又成为11个高级社的总会计。1958年,为了支援包钢建设,我去了内蒙古,在包头矿务局工作,先后做过主管会计和销售科长。工作之余,我一直坚持学习文化知识,尤其是哲学和毛泽东军事思想,但在改革开放之前始终没有得到大展拳脚的机会。

“文化大革命”时期,我写了一篇3000多字的“大字报”,认为当时的人都错了,认为他们不符合毛主席的思想,结果受到了批斗,被打到基层去劳动改造。“四人帮”被打倒,改革开放之后,我又开始做新的事情。

我认为,在面对困难的时候,保持心态平和非常重要。对于社会的不公和对自己的非议,要有一个开阔的胸襟、包容的胸怀。在最黑暗的时候,要坚信未来的光明,要坚信历史的公正与公道。这样的心态才算健康,才算成熟。正是有这样的心态,我才慢慢实现了人生转型,进入从事商业活动的新时期。

□王秘书长怎么看吴总企业的成长？

■王大千：儒家提倡“三省吾身”，非常重视反思自己，吴总的企业经营也是在不断反思中成长、壮大的。首先是对文化知识的深入学习，然后学以致用，将文化知识综合并转化为一种智慧。

我们中国人讲究“以儒入仕，以佛定心，以道思辨”。其实每种理论的产生都有其中心意义，比如说毛主席的著作传达出的斗争哲学，将儒道两家以车喻之，易为定位系统，儒为加油，道为刹车。圣人之言是作为规律存在于日常生活中的，但也需要我们学习与发现，才能理解与认识它。其实，读书之用不在百类而在一精。今天好多人或者有学无知，或者无学无知，这些人应该借鉴孔子的学习理念“学而时习之”，勤学与实践并重，做到“知行合一”。

■吴炳新：您说得很对。我们不一定要把孔子所有的东西都学得面面俱到，只要学到精华的东西、学到最适合自己的东西就好。在我的研究中，我也提出来，孔子的东西也不一定完全适合今天的社会。对待传统的文化，我们要有所取舍，该保留的就保留并发扬光大，不该保留的就要将其丢弃，这是一方面。另一方面，我也在不断研究西方文化。孔子论述更多的是治国方法，是一种方法论。关于认识论，从柏拉图，一直到费尔巴哈、康德、马克思等西方圣哲，我都作了系统而完备的学习与总结。

在我的著作中，首先是对古今中外科学理论的回顾，之后就是我的东西。我首先需要分清什么是唯物主义、什么是唯心主义。这是认识的一个分水岭、分界线。由于人们所处的阶段、阶层、地位和工作岗位的不同，人们的阅历不同，因此人们接受社会积累的深度和广度不同，人与人之间的天资也存在某些差异，反映在人们的意识、认识和思维方法上就会非常复杂。从系统整体上说，应分为两大类，这就是唯物史观和唯心史观。

■王大千：中国人遇到事情，讲究情、理、法。情、理、法是有顺序的。在中国传统的文化土壤中，情为基础，理为本，法为末。孔子倡导“道之以德”，反对“齐之以刑”，情理主义与德治或人治主义是中国传统文化的特点。中国古代统治者多崇尚以德治国与依法治国的结合。在今天的企业管理中，也应该把握好两者结合的平衡点。

■吴炳新：是的。单纯强调以德治国是不够的，孔子做大司寇的时候，也不抛弃法治的运用。当然，单纯的法治，同样无法将国家治理好。

从管理上讲，单单把人当作机器、当作工具，不可能管理好人。我们还要注重精神上的管理。首先在道德上要尊重人。领导与下属之间的确需要讲次序，但是也要讲互相尊重。“君君、臣臣、父父、子子”，这些都是要求人们各司其职、各安其位，明确自己在社会中的角色。讲平等是没有错的，但需要明白，到底在什么场合、什么地方讲平等。如果我们的社会失去礼仪，失去礼貌，什么事情都办不成。

中国历史上讲礼仪，我认为源头在孔子那里。孔子的那一套礼仪规定，在历朝历代都得到了贯彻执行，为什么呢？因为孔子的学说完全适合了社会的要求。正因如此，孔子的道理得到尊崇。但凡可以传下来的东西，都是有价值的东西。

□在三株的企业文化中，有传统文化、“革命文化”，还有西方文化。可以说，三株文化是三足鼎立的一种文化结构。您怎么看待这些文化的深意与融合？

■吴炳新：我们是中国的企业，因此企业文化的具体内容中必须有中国的文化传统。中国是世界文明古国之一，有着悠久的文化历史。诸如儒家、道家、法家等文化流派，一直影响着中国乃至世界的发展。中国哲学思想的形成、发展是人类历史上最早的、最系统的。尽管当时的人类还处在愚昧、混沌的时代，自然科学不发达，但重名的中国古人从自然界和事物运动的现象中，总结出了如宇宙的物质性、宇宙运动的对立统一规律和辩证关系等诸多的哲学启蒙思想。

毛泽东领导中国革命，在工作方法和领导艺术上，坚持的是实事求是的原则。我们中国的具体情况，马克思没有见到，也没有想到，因此必须要实现马克思主义的中国化。毛泽东把马克思主义的学说运用到了中国革命和实践当中，实现了马克思主义的中国化。建国之后，毛泽东的《论十大关系》等著作，在今天看来仍然具有指导意义。这些论著都是根据中国国情而得出的理论创见。邓小平同志又为我们解决了姓“资”还是姓“社”的困惑。他认为社会主义国家也要发展市场经济，市场经济并不是资本主义所独有的。邓小平同志的理论，也是从中国革命的具体实践中得出来的，同样是实事求是的结果。

以上所说，就是中国的“革命文化”。这就是中国的国情，我们必须认识它、利用它，然后服务于它，而绝对不可以脱离这个基本国情。

在资本主义国家，通过税收调节贫富，这种方式非常好，对于促进社会公平、正义，意义重大。这些就是社会主义的要素在资本主义孕育出来的实践。

在资本主义国家，它们对科研、对教育的投入，非常大，非常多。科学成果、教育理论，西方这些好的东西没有阶级性，我们社会主义国家完全可以把它们借鉴过来为我所用。这就是西方文化。

我们三株企业的文化建设，就是由传统文化、“革命文化”和西方文化这三部分组成的。

□吴总以卧薪尝胆的精神，十度春秋，携一部150万字的《消费论》重新走进人们的视野。这几年您所发表的大作，为我们进一步了解吴总及三株传奇提供了一个极为难得的视角。

■吴炳新：我写这部书，就是为了追求真理，所以我从来没有给自己的写作思路设置什么障碍，在我所涉猎的学术领域内，我也从不回避什么禁区。在书中，我对古今中外关于消费的学说，不是照搬照抄，而是进行了理性分析、批判性吸收。如对中国古代的孔子、老子、墨子、管子的消费思想和西方的亚当·斯密、凯恩斯、萨缪尔森的消费思想既有赞赏，也有批判；既有肯定，也有否定。

在我看来，消费是一种神圣的力量，是人类一切实践活动的总和。没有离开消费的社会，没有离开消费的经济，也没有离开消费的人与自然的关系。因此，以消费统领人类一切科学研究，指导消费的实践活动，是学术理论研究的出发点、立足点和归宿。

为什么说消费是一种神圣的力量呢？因为消费推动了人类社会的文明进步，牵动了经济的发展；消费创造了消费需求，创造了科研、生产，科研、生产的消费又创造了消费产品、消费方式和消费水平；消费还能创造出人们的智慧、消费意识，智慧和消费意识又反作用于消费时间和消费行为。所以我说，消费是人类社会、经济、文化、政治等文明发展的动力。

□您是一直被时代推着走。孔子说：“七十而从心所欲不逾矩。”（《论语·为政》）吴总到了今天，已经70多岁了，是不是达到了老夫子所说的“从心所欲”的境界？

■吴炳新：我们国家在前进的各个阶段，会犯这样或那样的错误。但我们的党总能不断地纠正自己的错误，从错误中吸取经验教训，然后开始新的历史征程。人也是这样，在每个人生阶段都要面临不同的问题，甚至说错话，作出错误的决策，所以也需要不断纠正自己。到现在，我也仍不敢说达到了“从心所欲”的境界。事物太复杂了，一切事物都在发展变化中，我们很难把握事物发展的规律，从这一点上说，我们绝对不能说，我们什么都明白了，什么都可以驾驭了。

□孔子说“学而时习之”，非常重视实践，也就是重视“行”的重要性。吴总同样非常重视实践，在实践中也取得了极大的成就。一般来讲，“知行合一”很难达到。那么在吴总看来，是“知”难还是“行”难呢？

■吴炳新：我们的认识永远是落后于实践的，所以我特别强调要重视实践。按照一些经济学家的方式去做事情，绝对失败，因为他们总是夸夸其谈，纸上谈兵，没有经过实践，没有参考过实践。经济学家的理论，必须建立在实践的基础之上。我在外国讲课的时候，见到有一个很有影响力的杂志，上面就印着几个大字：“经济学家有什么用？！”这就是说，好些经济学家根本不是实践经济学家，他们的理论对于社会进步、对于问题的解决没有操作层面上的意义和用途。

■王大千：在今天的企业家群体中，还存在着这么一种现象，就是他们在获取巨大的物质财富、取得巨大的成功之后，都会回头再去补文化课，去追求精神上的满足与安慰。我认为这是企业家普遍存在的一种文化自觉现象。他们这样做，不单单有利于他们自身素质的提升和管理能力的加强，在更大意义上讲，还有利于提升我们中国整个商人群体的道德水平。

■吴炳新：中国在改革开放之后，在市场经济的大潮之中，很多同志虽然积累的文化知识不多，但他们在商业活动中积累了丰富的实践经验。但不论后来他们能够赚多少钱，并不能代表他们的思想层次有多高，并不能代表他们的知识水平有多高。实现富裕后，他们必然就会产生这么一个困惑：赚了钱之后干什么？人生的意义在哪里？商业成功之后的努力方向在哪里？

人的满足无非两类：物质满足与精神满足。在离我家不远的山坡上，有一对夫妇，他们在那里养蜂。尽管他们没有多么大的财富，但他们生活得很平静、很幸福。而还有很多人，赚取了大把钱财，最后却穷得只剩下钱了。所以我们说，幸福真的就是一种个人感觉，物质享受非常有限，精神享受没有止境。幸福，不论是对于企业家，还是普通人，都是一种自我体验。企业家追求个人精神世界，这是明智的，是他们的切实需要。

□吴总这些年做企业，风风雨雨，浮浮沉沉，但您总始终不回避，敢于承认自己的过失和不足，善于不断总结经验教训。这一点是非常难得的，也是非常可贵的。今天的三株，依然是一个非常庞大的企业，规模依然不小，您对它的未来有什么期待？

■吴炳新：我们三株集团不但有保健品、药品、化妆品，还有医疗器械、医院，这几大块构成了一个整体。我们希望形成一种商业模式，这种模式是简单的、易复制的，我称其为“傻瓜”模式。这种模式谁都可以开发，谁都可以去做。三株的未来还会有很大的发展，对三株我们仍然充满信心。

魏启后 图

中国传统文化，尤其是儒家文化，在台湾得到了很好的传承。

——郑宝堂

第二期
对话郑宝堂：骑行是成人的一道风景

捷安特是全球自行车技术和工艺的领导品牌。捷安特文体基金会曾联合中国孔子基金会、共青团山东省委共同举办了“两岸三地迎五四·一日三圣成人礼”的文化活动。活动开始前，大千先生和捷安特总经理郑宝堂先生展开了一场关于骑行与传统文化融合的灵性对话。

■嘉宾　王大千

郑宝堂　捷安特(中国)有限公司总经理

□主持　常强

□在两位看来,成人礼在一个人的一生中,将占据何种位置?成人礼到底意味着什么?

■郑宝堂:成人礼是一种传统的文化活动,现代形式又给它赋予了新的含义。通过举办这个传统文化活动,通过骑自行车,可以挑战自我,锻炼自己的意志力。成人骑行活动结束之后,我们会颁发证书,告诉他们:他们已经长大成人了,要对社会、对家庭有所贡献,有所担当。与其他活动相比,这个活动对青年成长、维系家庭、社会和谐的意义是不一样的。

这种骑行活动既是一种个人挑战,也是一种家庭合作。15～20岁是一个人的叛逆期,如果没有一个活动来明确他们的责任和使命,不利于青少年日后的成长和发展。另外,举办这样一个活动、一个仪式,等于说我们为青少年创造了一个与家人合作与互动、增进彼此沟通的机会。年轻人与父母有一个共同的目标与共同的语言,由此必将增进彼此的沟通和交流。

自行车在过去是代步工具,现在却成了运动工具。我们欲打开市场,扩大影响力,树立品牌,既需要提高技术水平,也需要转变观念。而这种观念,必须是与时俱进的,必须是具有文化特色的。这类活动,过去我们在台湾地区搞过,但在内地还没有大规模举办过。既然如此有意义,之前我们便一直有这么一个想法,就是举办这么一场文体结合的活动。这次和中国孔子基金会合作,我们认为找到了合适的单位,找到了切入点。我们认为,将成人礼与骑行结合起来,很有意义。

■王大千:其实人生就是一个旅行的过程。骑行,既可以锻炼人的意志和体质,也可以将文化理念融入其中。每一个人都要成人,但是他自然地成人,与我们举行这么个仪式宣布他成人,其意义是截然不同的。后者将对这个青年人的一生产生影响。在青年人日后的成长、成才的岁月中,他们的脑海中将永远不会忘记这个难能可贵的时刻。因为从这个明确的时刻起,他已经不再是少年了,而是正式迈入了成人的行列。

这种仪式告诉青年人，18 岁之后，他不单单在生理上成熟了，而且在心智上也在走向成熟。通过这种仪式，我们便给青年人赋予了一种明确的责任，是一种清晰的宣告。这次活动，经过三座历史文化名城——曲阜、邹城、滕州，让孩子们分别感受“至圣”孔子、“亚圣”孟子、“科圣”墨子的人文熏陶。与圣人为伴，在圣人故里骑行，加之在滕州举行的成人礼，我相信，这必然会给成长中的孩子们留下深刻的心理烙印。“一日三圣”这个活动，尽管短暂，但意义非凡，影响深远。

其实，在枣庄，还有一位圣人，更值得我们这个活动缅怀与追念，那便是“车圣”奚仲。奚仲是大禹时代的“车正”，他发明了圆形的车轮，并且制造了世界上最早的马车。这个贡献在我国乃至在人类交通史上都是具有重大影响的。奚仲就是滕州人，他是奚姓、任姓、薛姓的祖先，也是古薛国的祖先。直到今天，在百姓中间还流传着“祭拜奚仲，平安出行”的民谚。将来贵公司的文体基金会，也可以结合“车圣”奚仲搞一些有意思、有意义的活动。

□“车圣”我们还真是第一次听说。捷安特公司在日后也可以从奚仲这里发掘文化资源了。王总以前就提出过“成文化”的概念，值此成人礼活动举办之时，请谈一谈您对“成文化”的理解。

■王大千：中国人讲的是“成”的文化。孔子被称为“大成至圣先师”，意思就是如孟子所言乃“集大成者”。在博大精深的中华文化里，与“成”有关的词汇还有很多，包括“成就”“成功”“成才”“成长”“成绩”等等。有“成”的词汇很多都是与积极向上的精神相关的，这些词汇也反映了我们中华民族的一种民族意志和民族精神。今天我们举办这个骑行文化活动，也是为了在青少年的成长历程中留下印记。过去有人曾提出过“三圣”的说法，但并没有结合这个概念策划一些活动，所以我们这次活动是开先河的，是将传统文化与现代生活方式相结合的，是面向青年与时代的。

□郑先生曾长期在台湾地区工作，我想请教您，台湾青少年对中华文化的感情又是怎样的？

■郑宝堂：中国传统文化，尤其是儒家文化，在台湾得到了很好的传承。在台湾的“国文”教育——国小或者初中中，学生都要背诵一些儒家的思想言论。台湾还有一门公民道德课，这是一门必修课，学生必须学习以儒家的道德思想为核心的道德教育。中华文化的系统教育，对学生一生的学习、生活和工作的帮助都很大。

我们内地的朋友到台湾，都会感觉儒家文化在那里被比较完整地保留了下来。尽管台湾的建筑不一定多么雄壮，但却处处可以体现出道德素养。比如，大多数台湾人很遵守交通规则，很有礼貌，很有人情味，能够以一颗感恩的心，热心帮助需要帮助的人。我想这些都与儒家的道德教育有关。

□在您看来，海峡两岸同根一脉，怎样做才能将中华传统文化保留得更完整，落实得更具体？

■郑宝堂：对这个问题，台湾地区落实得一直都不错。在台湾，许多人都会把《论语》带在身边，随时准备在闲暇之余翻看。曾经有一年，我的同事从台湾随身带了一本《论语》到内地，来到内地一家企业的办公室，并把《论语》放在了办公桌上。后来这本书被一位领导看到了，这位领导在那里翻看了很久很久。尽管这本书是繁体字，但并无阅读障碍。待我们办完事情回来后，这位领导向我们表达了惊叹。他说："你们那边竟然还有这么好的《论语》书，内地却少有人普及！"

我们对传统文化的态度，或许由于曾发生过比较明显的断层，所以对其重视程度依然有很大的提升空间。传统经典本来就是属于我们中国的，我们理当将这些精神财富完全地继承下来。

□对于郑先生这种说法，我在香港也有所体会。我在香港采访时，走在路上会发现，不论马路有多么狭窄，也不论路上有无车辆，几乎没有一个人会闯红灯。车辆在路上遇到问题而暂停，其后的车辆不论排的队有多长，都不会有鸣笛抱怨的。他们讲求更多的乃是一种对他人的人文关怀和自我的文明修养。作为身在内地的传统文化传播者，王总又怎么看我们的道德修养？

■王大千：秩序的恢复与建立还需要有一个漫长的过程，教育也需要有一个过程。郑先生来内地的这十几年，肯定已经发现，内地人的道德素养随着经济水平的提升、物质生活的改善，也有了巨大的提高。当然，我们毫不否认，今天的中国内地还有许多不尽如人意的地方。但许多问题都是在特定历史阶段形成的，这些问题不可能在一两天之内解决，需要经历一个思变的过程。就总体而言，中国内地的形势越来越好，环境也越来越理想，我们应该以积极的态度、乐观的心态，对待中国优秀传统文化的普及，充满信心地去期待明天更加美好。对此，郑先生肯定也是深有感触吧？

■郑宝堂：从我个人来讲，与以往相比，我们的道德水平的确提升了很多，但提升的空间依旧很大。我们仍然不能安于现状，需要有更多的有识之士去努力。

■王大千：对于传统文化的传播和普及，教育的责任是非常重大的。我们今天举办的"一日三圣人"骑行活动，本身也是对传统文化的一种传播与弘扬。成人礼并非今人的创造，而是我们传统文化中的好东西，是我们的祖先遗留下来的。但对这种传统的文化瑰宝，我们也需要与时俱进，用一个现代化的载体将其表现出来。这是时代进步的需要，是社会发展的必然。

□在两位看来，企业文化与传统文化有着怎样的联系？

■郑宝堂：我认为，企业文化是活在社会环境中的。企业文化必须与它所立足的这片土地的文化相融合、相一致。我们中国传统文化重视道义，重视诚信，重视进取，重视和谐，重视协作，重视仁爱，这些都是中国企业应当具备的基本素质。我们捷安特公司的核心理念，首推诚信与和谐。这些都来自中国传统文化，都来自儒家思想。我们认为，一个人若不追求诚信，若不讲求和谐，根本无法做人，更毋论做事情。古代先贤早已告诉我们：人无信不立。所以，中国企业是要遵循中国的本土文化的。

■王大千：刚才郑先生提到，中国企业应当根植于中国文化，对此，我表示赞同。我们正在筹划一个活动，就是"少年孔子奖"的评选活动，希望捷安特公司作为有文化共识的企业，也可以参与其中。让更多的青少年通过一些精神激励，更好地成长，更好地承担起继承与弘扬中华传统文化的历史责任和历史使命。我发现，台湾在中国内地兴办企业的很多，但可以成立一个文体基金会的很少。江苏捷安特自行车文体基金会是贵企业的一个品牌、一个特色组织，应当发挥其作用。

■郑宝堂：近几年，中国政府提出要发展低碳经济。我们认为，倡导自行车新文化的时机到了，于是就在2008年成立了江苏自行车文体基金会。中国不缺少自行车，但缺少自行车文化。一个社会，必须要有自己的文化；一个企业，一个产业，同样也需要有自己的文化内涵。我们常常讲，自行车有两百多年的历史，但其中并没有明确而系统的文化。所以，我们提出了自行车文化，即骑行文化。

在我的名片上，就印着骑行文化的内涵。我们认为："骑自行车是快乐的、健康的、运动的、环保的、亲子的、旅游的、和谐的、时尚的。"以前，大家公认的运动方式是游泳，但游泳不会流汗；跑步非常方便，也会流汗，但路途不可能太长，因为人的体能有限，也容易使人体受伤；只有骑自行车，是最佳的运动方式。骑行，不单单可以通过运动流汗，而且还可以观赏沿途的风景。所以，我们正大力在全社会倡导骑行文化，希望大家通过骑行，达到健康、快乐、环保、和谐的目的。

王大千：捷安特所倡导的这种骑行文化，不是对骑行简单的回归，而是赋予了新理念的运动文化。今天还有一种自行车，设计了两个或三个座位，几个人可以同时一起蹬，其实这也是一种合作。几个人结伴旅游，更有乐趣。古人讲：读万卷书，行万里路。读书固然重要，但我们更需要通过"行路"去感受书面文字背后的东西。只有这样，书面上的"死"的东西才可以变活，才可以有生命力。以骑自行车的形式来行万里路，或许效果更加明显，因为路途可以放长远。所以，可以说，有了自行车可骑行，我们比古人幸福多了。自行车方便了我们对环境的了解与适应，也便利了我们对书本知识的理解与消化。

□二位如何看待这类活动在将来的"可持续发展"？

■郑宝堂：我们捷安特有将这样的活动长期做下去的打算。我们不单单为了捷安特这一个品牌，我们的格局会更大。我们的这一类活动，既对自行车行业的发展有帮助，也有利于自行车文化的宣传，最根本的是有利于社会的和谐。

■王大千：今后，我们还可以推出这么一个创意——组织一场"三代同骑自行车"的活动。可以把老年、中年、青年三种角色的人组织在一起，通过这种年龄差异化的文体活动，使之更有利于实现家庭的和睦和品牌的推广。尤其是对于祖父辈的人来讲，这个年龄段的人几乎都对自行车有一种特殊的感情，因为这曾经是他们那个年代的人的唯一的交通工具。在过去，学会骑自行车乃是一个人一生中的一件大事，购买一辆自行车也是一个家庭的大事。所以，对老年人来讲，骑行是一种锻炼，也是一种对过往的回忆。通过忆苦思甜，他们会感受到今日骑行的愉悦与满足。

■郑宝堂:现在,哪怕很小的孩子,都会接触自行车,因为有童车嘛。您的这个创意我们可以在日后做个完整的策划,这个活动对于家庭和睦,是可以起到帮助作用的。另外,我认为,宣扬骑行,让更多的人参与骑行,也可以解决城市中的交通堵塞问题。这对城市交通的改善,也将起到很好的作用。所以,我们会不断地策划新的形式,把新的骑行文化和骑行理念推广开来,让更多的人加入到骑行的团队中来。

华祥苑的企业文化以儒家文化为核心，上承儒家礼乐传统，积极践行仁、义、礼、智、信的价值体系。

——肖文华

第三期

对话肖文华：清正为儒，君子如茶

华祥苑股份有限公司创办于2001年，由百年制茶世家肖氏传承人肖文华先生创办。华祥苑建有多所以茶文化体验和孔子文化宣讲为主业的高端会所——“儒士馆”，这使得肖文华先生的“儒商”气息格外浓厚。华祥苑“儒士馆”曾获赠中国孔子基金会“《论语》普及工程示范基地”资质。本期沙龙对话，是在大千先生应邀参加华祥苑活动的厦门进行的，整场沙龙透出浓浓的茶韵茶香。

■嘉宾　王大千

肖文华　华祥苑茶业股份有限公司董事长

□主持　常强

□肖总，您出生于安溪的制茶世家，还是“华祥苑”和“钓鱼台”茶叶品牌的生产商，在业界有着较大的影响。请您介绍一下安溪乌龙茶中的“铁观音”。

■肖文华：华祥苑安溪“铁观音”，属乌龙茶之极品，产于中国“茶都”——福建省安溪县。此地为亚热带季风气候，“四季有花常见雨，严冬无雪有雷声”，群山环抱，土质红壤，呈弱酸性，非常适宜于茶的生长。得天独厚的自然环境，培育了品质优良的世界名茶。“沐日月之精，收山峦之气，得烟霞之华，食之能治百病。”常饮此茶，有益于祛病保健，养生长寿，犹如观音菩萨保佑一般。加之安溪茶叶有独特的乌润砂绿铁色，故称之为“铁观音”。

华祥苑拥有有机茶园基地种植面积6000多亩，专注于纯种“铁观音”的种植、采摘和制作。华祥苑茗茶加工厂占地面积30亩，建筑面积40000多平方米，配套世界一流的茗茶生产线，融传统工艺和现代技术于一体，成为“铁观音”茗茶产业的领军企业。

□在两位看来，品茶与感悟人生有什么联系呢？

■肖文华：人生如茶。茶通人性，明志高远，茶人合一，自然天成。有朋自远方来，泡一壶功夫茶，兰香袅袅，如音乐轻拂，或边品边聊，细细品味，或遐想翩翩，开怀畅谈，不亦乐乎？人生之美妙，宇宙之和谐，在清澈透亮的茶水中渐渐消融，在袅袅茶香中轻轻飞扬。

茶的特点是“清”，古人说它是“清虚之物”，而把品饮茶的嗜好称为“清尚”。这一个“清”字，宜于同人世间摆脱了名利枷锁的“清”字相配，所以古人常说“茶如隐逸，酒如豪士”。茶是至清之物，就不可避免地标举清心寡欲。高雅、深邃、清心、宁神的饮茶过程，就是一个精神调节和自我修养的过程，也是一个灵魂净化的过程。

■王大千：茶是一种中正平和之物，通过煮茶、品茶能平和人的心情。茶的审美境界能消除人的烦恼，因而茶作为一种饮料，历来受到中国人的青睐。饮茶，其实是一种心境、一种文化、一种态度和一种生活方式；还是一种相视无言的默契，一种慵散孤寂的忧伤，一种铅华褪尽后的落寞。茶，是对季节的收藏，是对岁月的回忆。在任何一个季节里饮茶，你都可以感受到春生、夏长、秋收、冬藏。

茶与酒不同，茶是朴素与淡泊的，酒是雍容与刚烈的，也许有茶有酒才是完美的人生吧？忙碌的都市人，闲来品一壶茶，饮一点微醺的酒，可以在朴素和刚烈中感受人生的滋味。

中国人特别注重以茶会友，以茶待客，注重“茶缘”。所谓“茶缘”，就是以茶会友，强调“君子之交淡如水”，认为茶文化的意蕴在于表达中国人的一种生活情趣、人格理想和审美境界。我曾为贵公司的一位茶艺师题写了“茶缘”两个字，就是强调我们因茶结缘，以茶会友。

□肖总致力于茶文化的弘扬，王秘书长多年来从事中国传统文化的研究与传播。在两位看来，茶文化在中华传统文化中占据着怎样的位置？

■肖文华：茶，不只是茶艺，更是茶道，是中华民族的一种独特的文化。它秉承的是健康、自然、和谐、清雅、谦逊、淡泊、明志、高远的儒家思想和文化。华祥苑以传承中国茶文化为己任，从茶的种植、采摘和加工制作，到带有京剧脸谱、青花图案和古典诗词的独特包装，再到优雅从容、亲切真诚的服务，无不体现着茶文化的精髓和真谛。

茶，既然是一种中国传统的儒家文化，便与中国古典的书画和音乐一脉相承，许多艺术家在创作之前都喜欢品茶，然后挥毫而就、妙笔生花、妙曲横生。茶文化节，不只是茶的交流，更是书、画、音乐和文化的交流。华祥苑还开办了茶艺学校，成立了茶艺表演队，在全国各地举办了精彩的茶艺表演，为茶文化的传播起到了积极作用。

■王大千：茶文化是中国传统文化的重要组成部分，是东方文化的一朵奇葩。茶文化与其他文化相互影响、相互借鉴。茶文化被人们赋予了一种诗意的文化表述，也被人们赋予了粹美的文化体验。茶是一种文明的饮料，被认为是“饮中君子”。茶的“君子性”有各种表现，人们历来总是将茶品与人品相联系，说茶德似人德。长期以来，大多数正直文人极力推崇不向恶势力屈服、为正义事业献身的高风亮节，热情赞颂清正廉洁等优良品德，这与茶的“君子性”，恰恰吻合。

□在两位看来，茶文化与儒家文化有着怎样的相通之处？

■肖文华：华祥苑的企业文化以儒家文化为核心，上承儒家礼乐传统，积极践行仁、义、礼、智、信的价值体系。中国茶道，作为中国传统文化的一个组成部分，离开儒家思想原则，不体现儒家文化，既是不可想象的，也是没有中国特色的。事实上，无论是在古人写的茶书中，还是在有据可考的古人茶事活动中，都具有鲜明的儒家思想文化特征。

■王大千：儒家入世精神的另一方面，就是茶文化的世俗化。作为中国茶道基本载体的茶，本身就是非常世俗的。神农氏发现茶，原意是为了解毒救人。而后则成了与油盐柴米酱醋并列的“开门七件事”，在中国人的日常生活中，扮演着一种相当重要的角色。如茶能待人接物，解困去乏，消食减肥，保健休闲等。

儒家思想的核心是中庸。所谓中庸，按儒家创始人孔子自己的解释就是“无过无不及”“不偏不倚”“执其两端而折之”。中庸作为处世为人的指导原则，就是不要偏激，不要走极端，要公正、平和、谦恭，要以理服人、以礼待人，做事要留有余地，等等。茶事活动要取得完满的结果，关键在于把握准确的“度”。现在公认的中国最早的茶书——唐代陆羽的《茶经》，虽说主要是对茶事的具体记录，没有明确涉及茶道，但也体现了许多严格把握茶事的“度”的观念。例如，论采茶，“有雨不采，晴有云不采”；论评茶，“茶之否，存于口诀”；论煮茶，“慎勿……使凉炎不匀”；论沸水，“一沸不用，三沸太老，而取二沸恰恰相好”，等等。而恰到好处的“度”，就是中庸的基本内涵之一。

□在王秘书长看来，儒家思想为中国茶文化提供了理论支撑。那么，茶对一个人人格的完善、道德的提升，是不是也会产生作用？

■王大千：儒家认为饮茶可以使人清醒，更可以使人更多地自省，可以养廉，可以修身，可以修德，茶道强调的就是茶对人的人格自我完善的重要性。儒家的这种人格思想也是中国茶文化的基础。

□华祥苑开办有“儒士馆”。请问肖总，“儒士馆”的功能及开办意义，体现在哪里？

■肖文华：茶是一种饮品，更是一种文化。几千年的茶文化与中华文化息息相关，唇齿相连。从某种意义上说，中国文化是一种以儒家文化为核心的文化。古代中国的儒士们，内有才，外有学，内外兼修。而当代中国的儒士们性情温柔敦厚，行事端方凝重，严于律己，宽以待人，具有“以天下为己任”的积极进取的入世态度。现代儒士群体与华祥苑的消费群体相当吻合。

儒士精神是华祥苑的品牌精神，儒士精神是中华五千年文化的核心精髓，孕育了博大的中国文化和现代文明。华祥苑作为中国茶业的先锋品牌，立志做儒士、做好茶、做德企，成为立信、立业、立德的现代社会风范企业。华祥苑主动承担和践行“儒士精神秉承者”的使命，用心塑造以“中国儒士精神”为核心的茶文化品牌。“分享”是华祥苑的核心价值观。华祥苑通过自身品牌价值，在文化传承中创造新时期的中国精神。儒士馆将中华茶道与儒家文化有机结合了起来，必将进一步推动中国茶文化的推广与应用。

■王大千：儒家的人生观是积极的、乐观的。在这种人生观的影响下，中国人总是充满信心地展望未来，也更积极地重视现实人生，他们往往能从日常生活中找到乐趣。在我国的茶文化中也蕴含着积极的、济世的乐观主义精神。

儒士，单从字面上看就是崇奉儒家学说的人。而我们弘扬与传播儒家文化的人，更应当成为现代儒士、时代君子。儒士馆使得儒家文化在新的时代背景下，有了别具特色的精神家园。因此，在我看来，儒士馆不仅可以办大办好，而且应当在全国甚至在有华人的地方复制。

□王秘书长也是喜爱品茗论道之人，您对中国古代的茶道，也应当有自己的见解吧？

■王大千：古代的士有机会得到名茶，也有条件品茗，是他们最先培养起对茶的精细感觉，是他们诗化茶文化并创立了儒雅茶道。受其影响，此后相继形成茶道各流派。可以说，没有中国古代的士，便无中国茶道。

雅士茶道是已成大气候的中国茶道流派。茶人主要是古代的知识分子，以“入世”的士为主体。他们对于饮茶，主要不图止渴、消食、提神，而在乎导引人之精神步入超凡脱俗的境界，于闲情雅兴的品茗中悟出点什么。茶人之意在乎山水之间，在乎风月之间，在乎诗文之间，在乎名利之间，希望有所发现，有所寄托，有所感怀。

正因为文人的参与才使茶艺成为一门艺术，成为一种文化。文人又将这个特殊的饮品与文化、与修养、与教化紧密结合，从而形成雅士茶道。受其影响，又形成其他几个流派。所以说是中国的“士”创造了中国茶道，原因就在于此。

□华祥苑在中国北方以及海外都有自己的市场。中国北方是酒文化重镇，而海外则是咖啡王国。请问肖总，中国南方的茶如何走遍中国，又如何走向世界？

■肖文华：首先，中国北方崇尚文化，而北京是文化的中心，华祥苑走进京城，得到了官方的关注和认可，也就赢得了北方人的信任和欢迎。其次，随着改革开放和经济发展，南北经济文化交流日益频繁，厦门又是全国著名的沿海开放城市和国际旅游城市，来厦门的游客都会一品“铁观音”的香韵，而南方的商人更会将茶带到北方，所以北方人很快就认识到茶的品质，茶的文化，茶给人们带来的健康、愉悦、和谐与美妙。如此，他们就会接纳它、喜欢它、爱上它。目前还有一个有趣的现象，就是许多人饮完酒之后再品茶，既能解酒，也能安神。

中国是茶树的原产地。中国在茶业上对人类的贡献，主要在于最早发现并利用了茶这种植物，并把它发展成为我国和东方乃至整个世界的一种灿烂独特的茶文化。茶在欧美一带，被认为“无疑是东方赐予西方的最好礼物”，“欧洲若无茶与咖啡之传入，饮酒必定更加无度”，“茶是人类的救主之一”，“是伟大的慰藉品”，等等。世界各国饮茶及茶的生产和贸易，除朝鲜、日本以及中亚、西亚一带是唐朝前后就从中国传入之外，其他多是16世纪以后，特别是近两百年以来才传入并发展起来的。

具体到华祥苑进入西方市场这个问题，在我看来，现在信息和交通都很方便，已经到了“地球村”的时代。绿色、环保、健康的中国茶，承载着和谐美好的中国茶文化，一定会传遍全球，受到世界各族人民的热爱和欢迎。

□中国茶文化走向世界，必将是中国对世界文明的又一大贡献，同时也是中华文化海外传播的有效方式和绝佳内容。王秘书长对中国茶文化走向世界有着怎样的期待？

■王大千：无论与目前风靡世界的各种软饮料相比，还是与加奶、加糖的西式红茶相较，浑然天成的中国茶都更符合自然、绿色、健康、环保、养生的理念。在醇厚甘香、回味绵长的茶汤、茶韵中，浸透的是中国人的精神底蕴。概括而言，中国茶文化的核心就是一个“和”字，茶种虽多，差异虽大，但都是天地造化，都能给人以身心的愉悦和满足。这种承认差异又强调和谐的价值观，对当今世界来说，尤为重要。

马树峰 图

道是要实践的，人能弘道，并不能等待道来弘人。

——曾仕强

第四期

对话曾仕强：孝即是道

曾仕强先生是台湾知名管理学家、易学家，被誉为“中国式管理之父”。曾先生专研中、美、日管理比较、中西管理思想比较、人际关系与沟通等，曾在央视《百家讲坛》栏目讲解《易经》。最近十几年，曾先生往返于海峡两岸从事文化交流与讲学活动。利用他来中国孔子基金会总部做客之机，我们策划了本期文化沙龙。

■嘉宾　王大千

曾仕强　中国式管理之父、央视《百家讲坛》知名主讲人

□主持　常强

□有一句话叫“百善孝为先”，在所有的善行中，孝被放在了最高、最重要的位置。曾先生曾专门讲过孝道，那么您对“孝”字是如何理解的？

■曾仕强：孝很重要，不论是在文化中，还是在社会上，都是如此。一句话：孝即是道。上次我赠送给大千先生的题词，就是这四个字。“孝”这个字怎么写？它的上面是个“老”，下面是个“子”，就是老少两代的天伦关系。这告诉我们，一个人不管有多伟大，如果你的事业不能够被继承下去，最后还是等于零。我们常常讲一句话，“百善孝为先”。不管你行什么善，如果不能做到孝，其他全都是伪装的，全都是假的，全都是骗人的，那是非常可怕的。

□在您看来，孝是人际关系中最本质、最核心的东西，一切都以它为前提、为基础。人的事业如果没有承继者，也便没有未来和希望了。

■曾仕强：对的。孝是两代人之间的关系，如果父子之间的关系都处得不好，你还能跟邻居处得好吗？你还能跟同事处得好吗？你还有同胞的意识吗？你还能够治国平天下吗？全不能了。所以，一切的一切，都要以孝为先。

如果没有父母，你连这个身体都没有了，那你还去谈什么呢？这样你马上就会觉得：天底下所有的关系，都没有你跟父母的亲情关系这么深。你今天讲环境、爱动物、爱这个那个，但你要想一想：如果不爱你的父母，反而去爱这些，你会不会觉得很奇怪呢？那当然奇怪了！

□对于“孝”，王秘书长又怎么看呢？

■王大千：孝是一种心意。向善之心、向孝之心人皆有之，绝大多数人到了一定的年龄就会认识到这个问题。什么是孝心？把孝放在心上，这就是孝心。

这个问题，在孔子的时代已经有很多人向他问过。孔子有一次说："父母惟其疾之忧。"意思是说，让自己的父母只有在他病重时才担心。我们想想看，这是多么高的标准和要求啊！要做到自己日常的言行举止没有可以让父母担心的，那就要时时把对父母的报恩之心放在心上。我们需要认识和做到的，是端正孝的态度，并不是说等条件好了才去尽孝，有一碗饭的时候也可以尽孝，不要等到有一锅饭的时候再去尽孝，孝不能等待，等你发达的时候，或许已经晚了。给老人房子住、给钱花并不等于孝，要把老人放在心上，想着他们，不能忽略了老人的精神需要。父母对我们来说是唯一的，许多人在老人去世后，感叹从来没想到会失去父母。所以孝要从现在做起，避免"子欲养而亲不在"的遗憾。孔子曾说："父母之年不可不知也，一则以喜，一则以惧。"(《论语·里仁》)为自己的父母健在而高兴，同时也为父母的高年而忧惧。

□"孝"通常与"顺"联系在一起，疼爱父母没有错，但顺从他们却不是每个人都能够做到的，这里既有代沟的因素，也有角度的不同。那么二位认为孝顺如何能够落到实处？

■曾仕强：孝与顺的关系是两代人的关系。长辈要教育晚辈，但长辈不见得都是对的。限于知识、素质等各方面的因素，长辈的说教和要求有可能是错的。所以作为父母要承担起教育子女的责任，处理好家庭问题，为子女做个好榜样。俗话讲，"厚积而薄发"。父母没有做好，没有好的积累和付出，到年老了只想收获，是不可能的。一个人没有把握好家庭关系，等到年老了，孩子强势了，他就会效仿，就会报复到父母的身上。

■王大千：孝是和谐文化，对于子女来讲，孝顺就是要求和谐。父母也会有所偏差，不见得都是对的。孔子说："事父母，几谏；见志不从，又敬而不违，劳而不怨。"(《论语·里仁》)意思是，对于父母的过错，要从侧面提醒；如果得不到认同，就遵从父母的意见，即使劳苦，也无怨言。如果子女都能这样去做，相信家庭会很和睦，所谓的代沟也会得到弥合。从孝顺的角度看，孩子就要讲求和谐、顺畅，不偏不倚，恰到好处，不要简单地去反对或盲从，要追求和谐的最高境界。

□在快节奏、重物质的当代社会中，孝心渐渐变成一种稀缺的资源，孝敬父母这一人之天性，有时会被我们反复强调。本来的自然之举，竟然出现式微之势，对此，两位如何解释？

■曾仕强：我们要了解，今天我们整个的孝道为什么会衰落？就是因为我们的家庭结构变化了，从宗法大家族变成了三口小家庭。大家族就没有这种问题。大家族怎么会有这种问题呢？大家都在一起吃饭，一起聊天交流，甚至早饭之前、晚饭之后要请安。孝道在这种环境中是很容易培育和维持的。

■王大千：孝是中国文化和传统道德的核心内容，是不会消失的。现代生活中，尽管存在着不尽如人意的地方，但人们对孝仍是持肯定态度的。所有人都看重孝的品德，没有人敢说“我不孝敬父母”，否则的话这个人在别人眼里就成了道德败坏的小人，在做人上就站不住脚。现在的人并不是说都不孝顺了，有可能跟自己的一些个人情况有关，认识不到位、素质不高都可能导致在尽孝上做得不尽如人意，但要孝敬老人这个基本的价值观还是有的。我经常看《非诚勿扰》这个节目，我发现现在的青年人找对象，首要的条件还是要求对方孝敬父母，强调自己是个孝顺的孩子，这就是一个价值观的问题。所以，要正确认识孝的现状，并不是礼坏乐崩，也没有失传，只要人情在、人性在，孝就不会灭亡。

□王秘书长提到了电视相亲，这让我想起一个现象：今天许多年轻人，疼爱自己的伴侣有时竟超过了疼爱自己的父母，大家总是把亲情挂在嘴上，而把爱情落实到行动上。恋爱中的人，往往更容易忽略父母的感受。所以应该呼吁，恋爱中的人，在心里一定要留出父母的位置。

■曾仕强：这个呼吁很有必要。你看我们中国人，男女之间的关系是文化性的，而不是生物性的。我们有没有生物性？有。在哪里？在闺房里面。在闺房里面，我们什么事情都可以做。但是，记住我的话：夫妇只有在卧室里面才是夫妇。只要一离开卧室，你们就不是夫妇。要么你是人家的父母，要么你是人家的媳妇儿，要么你是人家的儿子。你需要马上把角色变过来。许多年轻的夫妇，在父母面前亲热，这让父母的脸搁哪里去？因为你的父母看到你这样，会在心里想：你们这样不尊重我们父母，还认为我们是老古董，真是不懂事！

□有人说，中国人不是没有宗教，对祖先的崇拜就是中国人的宗教。这与孝是不是有直接的关系呢？

■王大千：是的。孔子讲“慎终追远”，就是一种对生命的崇尚和敬畏。我们祭祀祖宗，认为做好了就光宗耀祖，做不好就愧对祖宗，就是对生命的崇敬，对孝的认可。

我们讲孝道需要澄清对孝的误解。孔子说："父母在，不远游，游必有方。"(《论语·里仁》)有人理解为孝敬父母不能到远处去，好像束缚了我们去干事情。这只是一个片面的理解，"游必有方"的意思是要有方向、方式、方法，有措施。父母病了，不见得非要守在床前侍候，只要安顿好、安排好，没有后顾之忧，尽可以去远游，距离不是问题。现在养老的社会化、专业化，不能要求子女承担，要靠社会的机制来实现。而且随着社会的发展，守在父母跟前尽孝已经很难做到了，能做到的就是把父母安顿好，孔子讲的"安老怀少"就是这个道理。母爱是以分离为最高境界的，母亲应鼓励子女出去干事业，没有一个母亲愿意为了把孩子留在身边而耽误他们的前途。

□这也导致一些中国人对父母的盲目尊崇与保护，有的时候，不惜违背其他人际原则而去保护"祖先"这一崇拜对象。

■王大千：你说的这种现象是存在的。孔子说："父为子隐，子为父隐，直在其中矣。"(《论语·子路》)从人情的角度讲，父子之间不应该互相诋毁。父子成仇是很残忍的事情。违背了人性，会对孝道造成严重的破坏。

孝是从小耳濡目染而来的，大人要做出表率。问题虽然出在现在，但根源主要不在这里，是上代人的问题。"文革"破坏和践踏了一部分优秀传统文化，要想重建，需要付出更大的努力。就像建高楼大厦，要花费很大的气力和很长的时间，而想破坏它就容易多了。

□如此说来，行孝是对一个人很高的要求。

■王大千：其实很简单。父母想着孩子，孩子想着父母，这是一种自然的亲情。物质代替不了精神，这种亲情是金钱代替不了的。你有多少钱，有多高的地位，这都是无关紧要的，重要的是看你有没有这个亲情，有没有尽孝之心。即使在远方，不能经常回家看望父母，也可以给父母买个手机，随时打个电话问候一声，有空的时候拉拉家常，比给老人钱不知要好多少。

□大多数人认为，孝就是照顾好父母，让他们老有所养。相对于那些不赡养父母的人，我们是否可以说他们就是尽孝了呢？

■曾仕强：道是要实践的，人能弘道，并不能等待道来弘人。仅仅是老有所养是不够的，还要有敬意。孔子说："今之孝者，是谓能养。至于犬马，皆能有养；不敬，何以有别乎？"(《论语·为政》)我们精心饲养犬马之类的动物，目的是为了驱使。如果对父母没有一份发自内心的敬意，养父母跟养犬马有什么区别呢？不敬何以能孝？敬是孝的最高形式。尊崇祖先是对生命的尊重，人要知道自己的来源，不知道父母是痛苦的。可以说，父母是离得最近的"祖先"，首先应当敬父母。有了敬的思想，担当、责任感会油然而生。

□最后请大千先生谈一谈，我们当如何在少年儿童中弘扬孝道，让孝道在新的时代焕发出光芒、散发出热量呢？

■王大千：少年儿童从小要学孝道，读经典。经典就是种子，是能生根发芽的。流行文化很热闹，也很容易接受，但这只是馒头，种下馒头是发不了芽的。经典历经千年仍有活力，就在于经典给我们判断的能力，这就是智慧。社会越复杂，对判断力的要求就越高，就越需要从经典中汲取知识，满足选择和判断对人的更高的要求。

孝要适应时代的发展，要生活化、现代化、社会化、年轻化。要让文化融入生活。过去街坊邻居住在一起，见面要行礼、打招呼，这是孝道文化中最基本的内容。但是现在不行了，很多人住进了单元房，邻里之间老死不相往来。孩子忙着学特长，不相互交流；大人也不来往。人与人之间交往太少，缺乏共同交流的能力。一个人虽然优秀，但缺乏协调的能力，不会处理家庭、社会关系，造成婚姻家庭危机、社会关系紧张，这样的人不能称之为"成功人士"。

孝其实是精神的愉悦，要让父母老有所乐。我们尝试建设了孝心网，提倡每个家庭出一部家书，把老照片、传家宝都放在上面，让每个家庭成员、亲戚朋友都可以在网上享受家的感觉。这种方式是与现代生活方式的结合，相对于现实生活来讲，比较简便快捷，也更现代化。还有网上宗祠家谱、网墓网祭，在追思祖先的清明时节，身居海外的游子不可能到祖先坟前扫墓，但可以在网上祭奠祖先，实现生者对死者的缅怀。

马树峰　图

我们要把服刑人员的刑期，变成他们每一个人的学期。要转变他们的思想，所谓的“蹲监狱”，其实是来学习的。

——王广海

第五期

对话王广海：大墙之内是“大学”

王广海，山东运河监狱监狱长。这位大千先生的本家“三哥”，自打和大千先生畅聊之后，便决定要在监狱系统推广儒家文化，要在大墙内办起儒家文化的“大学”，要让罪犯的刑期变成“学期”。让我们一起看看，儒家文化在监狱系统是如何普及传播的？

■嘉宾　王大千

王广海　山东省运河监狱监狱长

□主持　常强

□我们都知道,监狱是关押、改造服刑人员的地方。据我了解,运河监狱在改造服刑人员的过程中,所运用的方法是与众不同的——运河监狱以儒家文化的教育和传统文化的普及来助推服刑人员的改造。请王监狱长介绍一下这方面的情况。

■王广海:运河监狱基于有教无类、以人为本的思路,以优秀的传统文化,特别是孔子文化、齐鲁文化为教育内容,充分利用社会教育资源,对服刑人员进行法制、形势、政策、理想、前途的教育;同时,大力开展对服刑人员的传统美德教育,以此为切入点和着眼点,起到了良好的作用。我们于1993年就与山东孔子专修学院联合开办了狱内儒学函授大专班,设立了《论语》《孟子》《大学》《中庸》《伦理学》《人生与道德》《公共关系学》《现代营销学》等十几门课程,延续至今。

□为何会选择儒学作为服刑人员改造的内容呢?您对儒学是不是情有独钟?

■王广海:以儒学之道德思想教育、改造服刑人员,能使其提高道德认识,养成道德情感,强化道德实践。这样做既可以弘扬中华传统文化的精华,又能营造文明的改造环境,还能调动服刑人员的求知欲、进取心和改过自新的积极性。

□的确,儒家思想对人的良好行为品格的形成,可以起到不可忽视的助推作用。不仅君子的修身养性、安身立命需要求诸儒家,纠正人的过错,改过自新,其实更需要儒家。

■王大千:我在2011年11月16日于运河监狱作了一场题为"让经典为人生导航"的讲座。主要内容是讲传统文化对人生的教育与启迪,同时,通过解读传统文化中“改过自新”的理念来告诉服刑人员：人都是难免会犯错误的，关键是改错纠错，通过反省和修身来重新做人。“苟日新，又日新，日日新。”(《礼记·大学》)以儒家的发展观来对服刑人员进行启发与引导。

在儒学教育思想里，非常重视对人的修养的培养。“学文之道无他，求其放心而已矣。”(《孟子·告子上》)求放心，即存其心，养其性。也就是说专心致志，专心于内心的修养，不为物欲所蔽。这个观点对服刑人员重新认识事物、调整思想、指导行动是很有帮助的。静心分析一下服刑人员当初违法犯罪的前因后果及思想根源，不难得出结论：利欲膨胀，道德沦丧，见利忘义，一念之差，是他们走入人生歧途的主因。由此可见，培养良好的道德修养，净化思想中的贪婪私欲，恢复内心的良知、良能，将会对服刑人员的形象重塑产生积极的影响和巨大的推动作用。

□儒家本来就是主张发展人的社会性，并使其趋于和谐，从而自觉维护社会秩序和伦理次序，保障社会的和谐发展。

■王广海：从我的工作体验来看，其实，服刑人员在弃旧从新、弃恶从善的过程中，会逐渐唤起自我对仁德的觉醒。过去他们曾自私自利，有的一直崇尚“人不为己，天诛地灭”的错误思想，一切行为都是以满足私欲为目的。由此，他们在不知不觉中才逐渐走向社会的反面，并遭到人民的唾弃。

■王大千：“一失足成千古恨”，这是一句千古流传的格言。它的意思就是一个人一旦失足犯了错误以后，将会自责不止并成为终身憾事。不少失足者，常常从这句古训中联想到自己并为此叹息、沮丧，甚至自暴自弃，破罐子破摔。

失足固然可气，但未必千古遗恨。人生的道路漫长而曲折，一个人不可能一辈子不走弯路。古语曰：“金无足赤，人无完人。”又云：“人非圣贤，孰能无过。”子路曾问孔子何谓完人。孔子说：“像臧武仲那样的智慧，孟公绰那样的不贪心，卞庄子那样的勇敢，冉求那样的多才多艺，再用礼乐加以修饰，也就可以称为完人了。”又说：“现今所谓的完人，又哪里一定能如此呢？”所以，圣人所论的“完人”也有相对性。

在市场经济体制下，在改革开放的形势下，利、义之争形成了最尖锐、最突出的社会现象。是见利忘义、唯利是图，还是见利思义、君子爱财取之有道，就成了检验一个人的试金石。又比如，在危难的时候遇到挫折，遇到阻碍，有时也会触及个人利益、前途和命运。这时是挺身而出，还是东推西卸，忘记平日的诺言？是自甘沉沦，继续堕落下去，还是勇于面对过错并与其决裂，重塑新我？这是需要认真对待与选择的。

□请问王监狱长，在对服刑人员进行儒家文化教育之时，他们的心态是怎样的？运河监狱有没有在服刑人员的心态上有所关注？

■王广海：这个问题让我想起了老子的一句话："罪莫大于可欲，祸莫大于不知足；咎莫大于欲得。故知足之足，常足矣。"(《老子》第四十六章)这句话的意思是：贪欲是万恶之源，只要人人没有贪欲之心，常知足，则人际关系就会变好。我们的老俗话"知足常乐"，就是这种思想的反映。

我们常常教育服刑人员，在改造过程中，要持有平常心，量力而行，不能盲目攀比；要明白比什么，要明白怎样去比。如与别人比知识、比才干、比成绩，不去比野蛮、比虚荣；要比踏实改造，比争先创优，比立功受奖；同改造先进典型比，比减刑次数、幅度，比汗水的付出、精力的投入、成绩的取得，等等。这样才能比出差距，比出干劲，比出信心和勇气，从而为取得更好的改造成绩打下良好的基础。

□服刑人员在相处中，难免会出现这样或那样的问题和摩擦。对此，提供儒家思想中的优秀元素，是否有利于解决矛盾与冲突？

■王广海：服刑人员在改造过程中，彼此之间肯定会出现一些磕磕绊绊的摩擦、言差语错。这时，我们就要求狱警对他们进行正确的引导，通过引导与教导，使他们能够理性地把握自我。我们常常讲真诚、善良、忍耐，"忍"不是让人自甘屈辱、逆来顺受，而是让人培育大的包容心，能够以此提高自己的修养。

■王大千：孔子主张人际关系和谐完美，把"仁者爱人"作为理想的人格标准。然而，世上万物不可能十全十美，我们以"和"为中心的处世原则，尽管在某种程度上讲有一些消极的影响，但更有其积极的求同存异、和平相处、平等待人的一面。刚才王监狱长提到了"忍"，与这个字对应的，有一个字——"恕"。我们说孔子的思想核心是"仁"，其实"仁"和"恕"是有内在联系的。孔子对子贡说："其恕乎！己所不欲，勿施于人。"(《论语·颜渊》)"恕"在孔子的儒家道德体系中起到了重大的作用，它将"仁"和"礼"层层推广，推己及人。正如曾子所说："夫子之道，忠恕而已矣。"(《论语·里仁》)

在教育服刑人员的时候，我认为要教会他们以己度人，推己及人，设身处地地为他人着想，自己不想要的，也决不施加给别人。孔子的忠恕之道，内在要求是要人对他人，尤其是对我们身边的人多一些尊重，多一些体谅，多一些理解。在服刑人员的心里，其实也需要灌输一种平等与人相处的意识。要学会推己及人，关心与尊重并行。

□儒家强调“和为贵”，从人的外部来说，是指人与自然、与社会的关系和谐；而从人的内部来说，是指个人身心关系的和谐。这种和谐的思想，就是强调人与人之间要互相理解、互相包容。

■王大千：当我了解到现在的服刑人员是年轻人多、低学历者多的时候，也感觉到社会和家庭教育缺失的严重性。我们对待服刑人员，首先要有感情，有同情心。他们身处高墙之内，心情自然会压抑、郁闷。他们尤其需要学会排忧解难，也更需要人文关怀。这个时候，狱警就需要帮他们学会与人交谈、沟通，逐步把心理调整到常态上来。要帮助服刑人员拓宽视野，开阔胸襟，使他们情绪乐观，心态稳健，淡泊欲望，人际关系和谐。

■王广海：我们监狱的许多服刑人员在接受了儒家伦理教育以后，深受儒家“知错必改”“自强不息”“积极有为”思想的触动，决定洗心革面，重新做人。他们有的曾多次被评为改造积极分子，并被依法减刑。我记得在我们监狱，有一个姓王的服刑人员，因犯有故意伤害罪被判了15年。学习儒家思想后，他曾在思想汇报中说：“孔子说过：‘小人有勇而无义为盗。’（《论语·阳货》）想想我自己，不正是由于不遵守道德法纪、头脑简单、精神空虚才走上犯罪道路的嘛！”这说明，服刑人员经过儒家思想的洗礼与教化，在觉悟上是会有大的提高的。

□在监狱内进行文化教育，是不是也需要因材施教？

■王广海：要达到“治病救人”的目的，我们必须要有的放矢地对症下药。我们监狱的干警，会根据服刑人员的犯罪性质、犯罪案别、刑期长短，实施分类矫治、分工包教、因人施教的方法。

我们需要冷静而清醒地意识到，服刑人员虽然曾经犯过罪，但仍能改造成为对国家、对社会有用之人。应该相信，经过教育改造的洗礼和锲而不舍地向善学习，再假以时日的磨炼，他们一定可以脱胎换骨。因此，我们要求服刑人员放下一切私心杂念，认罪悔罪，投入改造，积极接受监狱里的各项教育学习，充分发挥自身特点和主观能动性，持之以恒地学而不厌、学有所长。长此以往，相信他们必定能有所收获，早日达到弃旧图新的彼岸。

□首先让服刑人员知道自己的不足，然后重点对他们教育和修正，从而促进他们的成长。经过服刑，他们应该“知耻而后勇”了。或许可以说，对犯罪分子而言，服刑是一种强制性的反思与学习。

■王广海：我们要把服刑人员的刑期，变成他们每一个人的学期。要转变他们的思想，所谓的“蹲监狱”，其实是来学习的。大墙之内是大学，如果把刑期变成学期，服刑人员就不会觉得太漫长了。

■王大千：“知耻而后勇”源于“知耻近乎勇”，语出《中庸》。儒家把“知耻近乎勇”与“力行近乎仁”“好学近乎知”合在一起，从而构成了对仁、知、勇“三达德”的一种阐发。儒家所说的“知耻近乎勇”的“勇”，是勇于改过。这里把羞耻和勇敢等同起来，意思是告诉人们，认识到羞耻并勇于改过是一种值得推崇与夸耀的品质，这是对知羞改过行为的赞赏。

■王广海：在运河监狱，类似于“知耻而后勇”“发奋而功成”的事例还很多。孔子第77代嫡孙女孔德懋女士在看到运河监狱所开展的儒家思想教育以后，深感欣慰与欣喜，还为监狱的孔子儒学专修班题词：“有教无类，教书育人。”我们监狱所做的，正是体现了孔子所说的“有教无类”。

□有没有这样“知耻而后勇”的典型案例？

■王广海：这样的例子太多了。比如，1993年儒学经贸大专班第一批学员中，有一个临沂籍的服刑人员，姓谢。这个谢某在刑释以后，经过创业奋斗竟成了当地一家机械厂的总经理。他曾经在参加一家电台节目的时候深有感触地说：“监狱里的儒学文化教育给了我很大的影响，反躬内省让我学会在失败中总结经验，责己恕人让我学会了与人为善、宽以待人。‘己所不欲，勿施于人’，这是事业成功的法宝。”

还有一位济南籍的服刑人员赵某，出狱后在一家外企当了中文翻译。他在给我们管教干警的来信里说：“现在身边的人都夸我德才兼备，谁还会想到服刑时我是个半文盲。是儒学中的有教无类给了我自信和勇气，是积善成德、学贵有恒给了我自学成才的启示和动力。”这些都是活生生的例子，是我们监狱对服刑人员实行儒家文化教育的良好的成果。作为狱警的领头兵，我感到欣慰和自豪。

□我们一般把服刑称作"劳动改造"，也就是说，服刑就要劳动。在两位看来，在监狱服刑有利于罪犯的思想改造吗？

■王广海：服刑人员之所以会来到监狱，这往往与他们昔日鄙视劳动、追求不劳而获有关。尤其是那些贪官，他们多因享乐腐化而触犯了法律。一个人，树立正确的劳动态度是很重要的。美国科学家富兰克林说过："懒惰像生锈一样，比操劳更能消耗身体，经常用的钥匙总是亮闪闪的。"由此可以看出，积极参加劳动，不但能使人克服掉厌恶劳动的恶习，而且可以使人拥有一个良好的身体。

■王大千：我记得《国语·鲁语》中有一句话："劳则思，思则善心生；逸则淫，淫则忘善，忘善则恶心生。"这个意思很容易理解，这句话对人的教育意义很深刻。

□我们也不能忽视狱警群体。狱警作为特殊的人民警察，整天与罪犯打交道。他们承担着教育人的重大职能，其教育能力至关重要。二位如何看待狱警在罪犯改造中的具体作用？

■王广海：作为一个特殊职业，监狱警察常年面对服刑人员，工作环境封闭，心理压力沉重，假如他们连自己的心理状态都无法有效调解，就难以适应复杂的服刑人员改造工作。因此，我们监狱有一系列狱警心理健康维护的方案和措施，还有相应的福利待遇。这一切努力，都是为了保证狱警的身心健康，让他们在一个轻松、开心的环境下开展工作，承担起教育服刑人员、以身垂范的职责。

■王大千：从某种程度上说，狱警更需要传统文化的熏陶和教育。多数服刑人员是有期徒刑，而狱警要在监狱工作到退休，并且他们还肩负教育、管制服刑人员的使命，其实他们的工作、生活更值得我们去关注。如果狱警的思想出了问题，他们在监狱工作，或许可以说是被判了"无期徒刑"。前一段时间，我曾介绍著名国学专家傅佩荣先生来运河监狱作了题为《心灵的曙光》的报告，就是把听众定位在了狱警身上。我和王监狱长都认为，要想教育好服刑人员，关键是在狱警这里下工夫。

□请问王监狱长，作为一名狱警，通过与无数的服刑人员的亲密接触，您对人生有什么样的认识或者感悟？

■王广海："人非圣贤，孰能无过。"任何人都有可能犯错误，因为我们都是普通人，不是什么圣人。但是，"浪子回头金不换"，好些服刑人员，之前都是由于自己不懂法，或者法制观念淡薄，从而走上了错误的人生道路。孔子的正确思想，正好可以帮助我们生活在世上的每一个人反省与自新。它可以让我们明辨做人的是与非，校正错误的人生观、价值观、道德观。犯过错误的人，要勇于纠正自我，努力树立新的人生观，坚定求真务实、弃恶扬善的信念，进而扬起幸福生活的风帆。

马树峰 图

王大千先生对“凯文”的解读很精彩，“凯乐人生，文心敏行”，不仅到位，而且深刻。

——吴梦军

第六期

对话吴梦军：凯乐人生，文心敏行

山东凯文科技职业学院是由企业家、三庆置业集团有限公司董事长吴立春先生一手创办的一所高校。凯文学院注重知行合一、学以致用，与儒家思想不谋而合。大千先生一直非常关注青少年教育问题。本期沙龙，大千先生将对话凯文学院院长吴梦军女士，让我们看看该如何造就“凯乐人生，文心敏行”的新青年。

■嘉宾　王大千
吴梦军　山东凯文科技职业学院院长

□主持　常强

□首先感谢吴院长接受我们沙龙专访。凯文学院利用假期组织中层以上干部培训进修,在活动中还特意安排中国孔子基金会王大千理事长作了一次演讲。那么请问,贵校为何要将传统文化的学习渗透到培训进修活动中?

■吴梦军:毛主席讲过,政治路线确定之后,干部就是决定的因素。什么工作都是人去干的。人的素质、能力如何,决定着工作的质量。因此我们十分注重对干部的培养。之所以邀请王大千先生来讲一课,是因为我们认识到传统文化对人格塑造的重要作用,这对于提高我们干部队伍的素质无疑会产生重要的影响。现在来看,王大千先生的演讲效果很好,受到好评,达到了预期目的。

■王大千:吴院长过奖了。凯文学院重视传统文化的普及与传播,展现了学院领导的时代精神和深谋远虑,我们很乐意帮助凯文学院做一些力所能及的工作。我与凯文学院吴立春董事长是老朋友了,我见证了凯文从起步到今天的发展壮大。凯文的校董会有使命,有追求,致力于职业技术教育的发展,很是难得。并且吴董事长为人非常谦虚,我曾跟他开玩笑说,如果有一个谦虚协会,吴董事长肯定能当会长。在中国,教育不是一个产业,而是一项事业,只有乐于奉献、肯于牺牲,才有可能取得成绩。

□党的十七届六中全会提出,我们要树立文化自觉和文化自信。两位对中国优秀传统文化的时代要求有何见解?

■吴梦军:我认为,我们要建设具有中国特色社会主义的先进文化,就要提高文化自觉,增强文化自信,更加奋发有为地推动祖国文化大发展大繁荣。在这方面,高等学校承担着重大责任,要努力为建设和发展社会主义先进文化作贡献。我们应对我们的自身文化给予充分肯定,因为中华传统文化是人类文明的重要组成部分。其倡导的和谐、大同、天人合一、厚德载物、自强不息、辩证思维等都是人类社会最重要的价值观。对于这些最宝贵的精神财富，我们必须要继承和弘扬。

■王大千：我们中华文化历经几千年的传承而始终没有中断，就说明了它的生命力与存在价值。中国传统文化的经典，经历了几千年，其他东西早已灰飞烟灭，这些经典却得以流传下来。可以保存至今的文化是不朽的，因为它们具有生命的活力。我们要高度重视文化经典的价值，让经典成为学生的人生说明书和成功助推器。我希望通过不断的解读，告诉大家，中国文化其实不难、不远、不变，是非常容易接近的，日用常行就可受益无穷。学习经典，重视文化，才能树立文化自信，培育文化自觉。

□王总曾对"凯文"两个字作了深刻的解读。您在凯文学院的演讲题目也是"凯乐人生，文心敏行"，您认为"凯文"展现了中国传统文化的理念，给人以鼓舞，教人以智慧。我发现，除了校名，很多学校的校训好像也与中国传统文化有关。许嘉璐先生说今日中国政策的形成土壤是传统文化，其实今日中国学校的办学理念和校训，又何尝不是如此呢？

■王大千：的确是这样。几乎所有中国学校的校训，其真意都来自中国传统文化，因为它们是在中国生根发芽的。如清华大学的校训是"自强不息，厚德载物"，这分明就是中华民族的精神核心。山东大学的校训是"学无止境，气有浩然"，"气有浩然"就出自《孟子》。中国人民大学的校训是"实事求是"，或许大家认为这是毛主席的话，其实这四个字也是来源于中国传统文化典籍。在《汉书·河间献王刘德传》中，这四个字是用来形容河间献王刘德的，书中说他"修学好古，实事求是"。湖南岳麓书院便有这几个字。毛泽东曾在岳麓书院勤工俭学，去的时候多了，便受到了这几个字的影响。凯文学院的校训也与传统文化经典有关，比如许多史籍都有"志高"的记载，有的说"志高寡欲"，有的说"志高虑远"，等等。

□吴院长对贵校的校训作何解读？

■吴梦军：王大千先生对"凯文"的解读很精彩，"凯乐人生，文心敏行"，不仅到位，而且深刻。我校在建校之初就制定了"志存高远，追求卓越"的校训。我们认为，校训是办学理念和育人要求的高度概括，是校风、教风、学风的内核，是校园文化的重要组成部分。它不仅体现着一所学校的特点、风格，而且还反映着时代的、地域的文化底蕴和精神。之所以把“志存高远，追求卓越”这八个字确定为我们的校训，就在于“志向”是人生路上的航灯，人的精神境界是第一位的，崇高的理想可以激发人们的聪明才智，激励人们奋发向上。我们的校训要求学生要树立远大的理想和志向，在学习上、工作上都要追求一流的成绩。志存高远，就会自我激励，奋发向上，最终有所成就。

事实证明，一个青年学生有无远大理想和志向是十分重要的，甚至可以决定一生的成败。一个胸无大志、不思进取的人，不可能取得骄人的成绩。而一个胸怀大志、积极进取的人，通过自己不懈的努力，不断地追求卓越，大都能够在学习上、事业上多有建树，甚至在某些领域独领风骚。我们的校训还时刻提醒学生不要落后，不要甘居中游，而要力争上游，追求卓越，创造佳绩。这样的校训，在竞争日益激烈的现实环境下，更具有很强的现实意义。我们要培养学生在学习期间就树立远大的理想和志向，具有很强的竞争意识。只有这样，他们将来走向社会，才能适应社会环境，在激烈的竞争环境中勇于搏击，立于不败之地。

□凯文学院是一所特色鲜明的民营学校，在学科划分上当属理工科高校。在两位看来，理工科的学生应当具备怎样的人文素质？

■吴梦军：我们的学校是一所理工科高等职业院校，其任务是培养生产、经营、服务第一线的高素质技能型专门人才。就人文素养而言，理工科学生首先应该具备合理的知识结构，在具备扎实的专业知识的同时，还应加强哲学、历史、文学、艺术、心理、道德等人文社科和艺术方面知识的学习，形成正确的世界观和价值观，树立正确的为人处世观念，提高自身文化品位、审美情趣、心理健康等方面的综合素质。

■王大千：不论学生属于什么专业、什么领域，人文素养都是必不可少的。那么，如何去做呢？还是需要向我们的老祖宗寻求智慧。现在我们去做好一件事情，要找那么多的借口，编造那么多的理由，需要那么多的外力，但真的有这么复杂吗？老祖宗早就把事情弄简单了，他告诉你几个字就可以了。但凡做不好事情，出现问题的，都是出在那些简单问题、基本问题上。

今天的人们，难以适应变幻不定的节奏和四面八方的挤压，在知识飞速更新和精神停滞摇摆的矛盾中无所适从，因而很容易便产生一种不可名状的焦虑感和恐慌感。个体与时代同时陷入了一个困顿期。一些东西在变，还有一些东西不变，传统文化在经历了千年之后又静悄悄地回来了。这就说明了一点，国学犹如一方紫檀的镇纸，压在窗前随风掀动的书页上，可以使人的心思平静。所以，提高人文素养，还是要从传统文化中去寻求出路。从事高职教育的凯文学院，同样应当这样去做。

■吴梦军：您说得很对。另外，我认为人文素养可以从人文知识、人文技能和人文精神三个层面去理解。它包括了一个人的文化知识素养、道德情操素养、审美素养和人生境界追求，以及心理素质、思维方式、人生观、价值观等个性品格。人文素质的培养提高是理工科学生全面成长中不可缺少的，我们有责任把人文素质教育渗透到高职教育的每个环节中，从而不断提高学生的人文素养。

□一个人的成长与成才，离不开家庭教育、学校教育和社会教育。今天中国教育的一个现实问题，就是学校教育只是注重解决学生的“知事”问题，而往往轻视“做人”“处世”的教育，即德育。由此，学校向社会输送的，只能是“半成品”。这可谓教育的悲哀。对此，两位怎么看？

■王大千：学生的德育至关重要，这或许比专业教育更重要。孔子讲的所有问题，其实就是四个字——为人处世。孔子的德育思想是其修身养性和实现发展的核心理念，这些理念不仅在思想方面引领着人们正确地实现为人处世之道，同时在实践中也体现了道德的重要性。仁爱、礼义、忠恕、明智、诚信等，都是孔子德育思想中的主要内容。

我常说，孩子的成长离不开父母的教育，但一般情况下，父母都是“无证上岗”的，也就是说，他们还没有能力完全教育子女的时候，却做了父母。所以家长要想教育好孩子，首先应当把自我教育做好。这样才有资格、有能力为子女的成长、成才提供必要的基础。学校也有责任配合家长完成这项工作。

不知你们是否发现，尽管从血缘上讲，教育孩子是“养不教，父之过”。但事实上，孩子往往和爷爷更为亲密。因为爷爷对孩子的教育，多是哲学教育，注重循循善诱的引导，高屋建瓴而又不失亲切，让孩子从历史中学到人生道理。这令孩子感到更具吸引力和乐趣。

■吴梦军：这个分析很有新意，很有意思。多年来，教育战线认真贯彻党的教育方针和政策，重视抓学校建设和教学质量，学校的发展是健康的、正常的。绝大多数学生能够认真读书学习，遵守学校的规章制度，积极参加集体活动，与同学友好相处，互相帮助，热衷于公益事业，等等。这是学生中的主流。

当然，由于近年来高校毕业生的数量大量增加，又受到世界性金融危机的影响，大学毕业生就业遇到了困难，这无形中使部分学生对现实产生了忧虑和失望情绪，也影响了部分尚未毕业的学生的学习积极性。部分学生追求享乐，就业观念扭曲，国家主人翁意识淡薄，不愿到基层、到厂矿工作，眼睛只盯着大城市和国家机关或事业单位，稍不满意就怨天尤人。还有个别学生不思进取，胸无大志，不爱学习，经常旷课，等等。这些情况尽管所占的面不大，但影响很坏，已经引起我们的高度重视，并采取得力措施加以解决。

□我们知道，孔子也是一位伟大的教育家，孔子的教育思想对您有着怎样的启发？对于孔子的教诲，吴院长有何切身的感悟？

■吴梦军：孔子的教育思想在当今仍有很强的现实意义。例如，他主张“有教无类”，意思是说在教育对象上，不论贵贱与尊卑，不管智愚与善恶，只要虚心求教，都应一视同仁，给予热心指导，使人人都有受教育的机会。孔子不但提出了这一思想，而且也忠实地实践了这一思想。孔子的学生来自不同的家庭，身份也极为不同，说明孔子是不看学生的出身和等级的，可以说来者不拒。从民族看，孔子的学生大多数是汉族的，也有少数民族的。

“有教无类”思想开创了教育普及的先河。它打破了“学在官府”的垄断局面，将教育对象从贵族普及到平民，把学校从“官府”移到“民间”，扩大了学校教育的社会基础和人才来源。“有教无类”思想体现了孔子的博爱精神，作为教育者应具有这种精神，现在来讲，就是要爱护我们的每一个学生，经过我们的培养，使每一个学生都成才。

孔子还主张“因材施教”。孔子发现，不同的人之间存在着多方面的差异，所以在教育实践中，他注意分析每个人的特点，根据每个人的不同特点，进行有针对性的教育，使学生各得其所，都能得到较好的发展。这样通过因材施教，就可能使各种不同质地、不同智力水平的人，都从自己不同的起点上，学习知识，获得最好的效果。这种教学方法，直到现在，仍然为我们所重视。

孔子还十分重视人的思想道德教育。他认为，树立崇高的道德理想是非常重要的。他说：“三军可夺帅也，匹夫不可夺志也”；“朝闻道，夕死可矣”；“君子谋道不谋食”，“君子忧道不忧贫”。孔子认为道德教育贵在培养道德自觉，应从自我做起，要“躬自厚而薄责于人”，“君子求诸己，小人求诸人”，“见贤思齐焉，见不贤而内自省也”，“克己复礼为仁”。一个人能克制自己，使自己的思想、言行都合于“礼”的规范，就是“仁”了，也就是达到了道德修养的最高标准。孔子的教育思想还有很多，至今对我们的教育教学工作都有学习、参考和借鉴价值。我每次学习这方面的知识，都很受启发。

■王大千：吴院长总结得很好。在我看来，孔子的教育思想有三点对教育工作者最重要：第一，有教无类；第二，因材施教；第三，寓教于乐。

□今天，不少高校的学生都自发组织了许多弘扬与传播中国优秀传统文化的活动，如开办诵经班、举办成人礼等。请问贵校在学生文化工作上，将作怎样的安排？对于传统文化讲座，贵校有没有持续进行的打算？

■吴梦军：优秀传统文化是实现中华民族伟大复兴的取之不尽、用之不竭的思想源泉，我们应该深入、系统地学习，给孔子的教育思想赋予新的时代内涵，使其与当代社会相适应，与现代文明相协调。我们将在教育教学工作中适当安排这方面的内容，并积极支持学生自发组织一些活动，使优秀传统文化更好地为培养德、智、体、美全面发展的社会主义的建设者和可靠接班人服务，更加激发凯文人的创造力和凝聚力，把凯文学院越办越好。

我院于2010年春天开始举办“凯文论坛”，先后邀请有关专家、领导来校开讲，至今已达20多次。最近我们又设立了“凯文讲堂”，准备有计划地聘请国学大家、社会贤达来学院作报告，举办传统文化讲座，以加强对师生、员工的人文素质教育。

■王大千：吴院长及贵校领导能够认识到传统文化的重要性，说明贵校的特色越来越明显了，使命也更加崇高了。凯文人应当具备这么一种精神、这么一种气概，勇挑弘扬中华优秀传统文化之担。“新东方”创始人俞敏洪的教育理念是“绝望中寻找希望，人生终将辉煌”。尽管凯文学院的生源在分数上不一定最优秀，但我相信，以传统文化精神和智慧为强有力的支撑，凯文学院完全可以培养出“真管用”“真能用”“真好用”的社会栋梁之材。

“仁者爱人”“和为贵”的儒家文化也融入了润雅堂的茶文化。

——吕宗洲

第七期

对话吕宗洲：传统文化生活化的写照

“润雅堂”既是一个文化公司，也是一个文化品牌。在快速国际化与现代化的今天，我们的传统文化如何活在今天的生活中，并展现其独特的文化风韵，是一个值得探讨的话题。在高扬文化自觉与文化自信大旗的今天，具有实用性特征的中国传统文化将如何焕发新的生机和活力？本期沙龙将带领我们揭晓答案。

■嘉宾　王大千
吕宗洲　北京润雅堂文化传播有限公司董事长

□主持　常强

□吕总在北京和山东创办了以“润雅堂”为品牌的高端文化会馆，请简单介绍一下润雅堂的定位及功能。

■吕宗洲：我创办了两家公司，分别是北京润雅堂文化传播有限公司和北京梦阳珍礼科技发展有限公司。两家公司都是中国孔子基金会交流与合作委员会的会员单位，所属会馆包括北京润雅堂友谊宾馆苏园会馆、北京润雅堂科技会展中心会馆、山东临沂润雅堂会馆。

会馆以儒家文化为主题，荟萃了道家、佛家的养生修身之道，为社会名流、成功人士提供修身与养性的服务。会馆无论从策划、定位、推广，还是装饰、产品包装等方面，处处都彰显着中华文化元素。

□对于润雅堂在室内装饰上所采取的“中国风”特色之路，作为中国传统文化传播者的王秘书长怎么看？

■王大千：我们很早便关注吕总和他的文化产业了。润雅堂是富有浓厚的中国传统文化气息的现代会所。可以说，润雅堂是保存中国文化的活的载体。它将琴棋书画诗酒茶以及青花、紫砂等文化元素整合起来，通过消费体验来营销产品，是很好的将传统文化生活化的文化产业。中国传统文化是一个大的资源宝库，其中有大量可供今人利用的“宝藏”。传统不代表过时，也不代表守旧。相反，立足于中国的特色会所，就应当挖掘我们的文化资源来为我所用。

□请问吕总，润雅堂内的儒家元素主要有哪些？

■吕宗洲：最典型的要数我们临沂会所一楼的那尊孔子像了。这座像高1.96米，与史料记载的孔子身高一样。该像为孔子基金会2006年全球发布的标准像。还有一楼的水榭亭台。亭子是纯实木、纯手工制作的，插接卯榫没有用一根钉子。亭是一种中国传统建筑，“亭者，停也”，我们希望润雅堂能成为大家心灵的驿站，累了就来停留片刻，休养生息。亭中的坐椅有一个优雅的名字叫“美人靠”。亭子旁边的猴叫“三不猴”，形象地说明了儒家文化里的“非礼勿视，非礼勿听，非礼勿言”。再如，二楼是我们的“名壶馆”，有两间大茶室和两间小茶室：南侧“仁和”是以儒家文化定位的房间，北侧“慈航”是以佛家文化定位的房间。会馆内还有好多标识，都是来自儒家的经典。

□名壶馆体现的就是“儒佛并尊”了。

■王大千：这叫“和而不同”，也是孔子的观点。

■吕宗洲：对的。“仁和”是以儒家文化为装饰主题的房间，是我们的老白茶馆。“仁”和“和”是儒家文化的精髓，“仁者爱人”“和为贵”的儒家文化也融入了润雅堂的茶文化。套间用传统的月亮门隔开，内间可以品茗，读“四书”“五经”；外间有笔墨纸砚可以书写作画，在明清风韵的罗汉床上还可以盘腿打坐，休息片刻。“慈航”是以佛教文化定位的房间，是我们的普洱茶馆。佛家曰：佛心慈悲，救度众生，出生苦海，有如舟航。“慈航”的意思是佛以慈悲之心度人，使之脱离苦海。

□我们对于传统文化的态度，随着经济的更快速发展，也逐渐展现出了自觉与自信。但在改革开放之后，有一段时期，一些所谓的“现代设计师”对我们固有的文化是持否定态度的，他们曾一味地向西方看齐。

■王大千：尽管有些现代设计师，尤其是一些具有前卫意识的设计师，时时声称要抛弃任何传统，认为自己的作品是“无传统”的，但实际情况不可能如此。即使最“反传统”的设计师，也必须以“传统”作为参照来定义与演绎自己的思维。设计从来就不是纯粹的个人行为，从媒介、语言、表现手法等显性传统到对设计认识的文化心态、思维方式、审美观点等隐性传统，均有意无意地影响着每一位设计师。可以预见，未来的设计趋势还是以“中国风”为主。

■吕宗洲：在我看来，中国传统文化是一种客观存在，是历史前进中的积淀，它为人类历史前进积蓄着力量，提供着营养。所以，它对人类创造的现代的和未来的文明，都必然产生不可否认的巨大影响。中国传统文化、民族艺术博大精深、源远流长，经过数千年的积淀和发展，已经深深融入到中华民族的血脉之中,成为中华民族共同的精神记忆和中华文明特有的文化基因,而这无疑也是现代设计的宝贵财富与资源优势。

历代文人、工匠、艺术家为今天的设计活动留下了丰富的经验,也为今天的设计师能设计出更加丰富的作品提供了精神的和物质的典范。这就要求我们在运用传统思想、文化、艺术时,不管是在意识上还是运用方法上,都应该充分尊重其内涵,做到合理、有效地运用。

□如果我们在观念上树立起了对传统文化的重视意识,那么在具体的实现方式上将会变得轻松容易,因为发达的现代技术足以帮助我们迅速而完美地实现我们的构思。另外,润雅堂尽管是一座极具明清风韵的文化会所,但其艺术设计的落地及正常运作是离不开现代的声、光、电的。这都属于古今的结合。

■吕宗洲:科技的发展和时代的进步的确使我们拥有了前人不曾具备的条件。计算机的应用、信息的发达,使我们设计的作品具有更强的时代感。但作品手段上的丰富,代替不了人们意识上的回归,我们的设计必须从与人类密切相关的效用方面来考虑作品所具有的优良质地和温情。

■王大千:我们要创作出具有高雅格调的室内空间环境,必然会遵循"大象无形""大音希声"的创作之道,否则就不可能让受众感觉到相应的审美意象。这种"美"与"美"的创作对应法则,正是从我国数千年的传统文化中提取出来的。因此,自觉地将传统文化融入到现代设计理念之中,是我们在会所设计中应该关注的问题。

□其实这里还涉及一个大的时代背景。在快速全球化的进程中,传统与现代的碰撞与冲突体现在社会的方方面面,在建筑设计方面也会面临这样的问题。不久前获得普利兹克奖的中国建筑师王澍就很好地解决了传统与现代的冲突问题。

■王大千:最近一段时间,我对王澍也颇为关注。他之所以能够获得这个奖,就是因为他的获奖作品有"令人赞叹的原创性,既着眼未来又尊重传统"。能够实现古今的无缝对接,这对一位建筑师来讲既是一项挑战,也是一种机遇。王澍很难得,抓住了这个机遇,并很幸运地得到了国际认可。

在今天,新的建筑设计如何接受历史和文化的记忆,重新建立文化身份的认同，如何让传统延续和再生，值得我们去思索。吕总的润雅堂，对于我们树立文化自信和文化自觉也是有贡献的。进入润雅堂，大家不会单纯地认为这是一个消费文化的“商场”，更多的感受则是参与了一次难得的文化体验，或者说是“文化之旅”。

■吕宗洲：谢谢您的认可。在我看来，现代室内空间里的各种造型、装饰、陈设等无一不体现着人们对美好生活的追求和愿望。这些不同风格的现代室内设计以科学技术为依托、文化艺术为内涵，它的发展往往反映了一个民族的文化精神。这些文化元素植根于人们的意识中，经历史沉淀，也会不可回避地显现在人们的生活中。

□润雅堂在设计上选择以儒家文化为主题。通过对润雅堂的了解，我感觉它所展现出来的是儒家的一种“中庸”精神。润雅堂的每个细节都可以展现出设计者的独具匠心，但又不会让人觉得刻意做作；润雅堂的每寸土地都能透出一股文化气息，却不显得那么呆板枯燥。请问吕总，您对这种“中庸”是如何把握的？

■吕宗洲：儒家这种“中庸”的思想，在润雅堂的确也实现了落地。比如我们在设计时感觉，不做任何装修，会显得简陋、落后而无生气，雕琢过分又显得俗腻。恰到好处的装修则爽心悦目，既能鼓舞精神，利于身心，又能端正心态，克制欲望，使景情相生，物界上升为精神境界。

另外一点也不容忽视，就是儒家重视“天人之和”的哲学理念所提供的人与自然和谐一致的思维模式和价值取向，也成为我们所恪守的设计哲学。其实，国内许多品牌的房地产室内设计，就十分注重模山范水、象天法地，运用人力巧夺天工，再造自然之美，又尽量不露人工斧凿痕迹，进而达到“虽由人作，宛如自然”的天人相亲、天人合一的审美境界。

□王秘书长参观考察过海内外诸多的文化建筑，对各种文化风格的建筑作品或设计作品都有所接触与了解。在您看来，除了儒家文化，其他文化流派对建筑设计的影响体现在哪里？

■王大千：儒家我们就不说了，现在可以简单地谈一谈道家和佛家对建筑设计的影响。老子认为，美在道，而道的本性在自然，所谓“道法自然”，“大音希声，大象无形，道隐无名”。而道家文化应用在室内设计上，主要是丰富了中国建筑室内的空间内涵，在空间中创造出许多虚实的围合，如彼此交错、穿插、共享。如：建筑的门窗，将室外景色引入室内；室内空间之间的隔断，将一个房间的装饰引入到另一个房间。彼此借景，强化空间流动感，增加开阔感。

■吕宗洲：道家文化应用于建筑设计的另一风格是高雅，营诗情，造文气。这种意境空间的营造过程关键在于能引入虚静，引入祥和的心境。通过传统的用色手法、质朴古雅的材质及传统的装饰视觉符号等，引人入情入境入性，品味开阔、简淡、谦和、宁静、疏朗。请王总继续谈禅宗的影响。

■王大千：禅宗是由于佛教文化东渐，在中国文化土壤上形成的一个中国佛教宗派。它提倡通过个体的直觉体验和沉思冥想的思维方式，从而在感性中通过悟境而达到精神上的一种超脱与自由。在禅宗看来，规定性越小，想象的余地就越大，因而少能胜多，只有简到极点，才能留出最大限度的空间去供人们揣摩与思考。

□今天我们围绕吕总的润雅堂展开，就中国传统文化在当代建筑设计中的运用以及会所营销等问题进行了深入探讨，感谢两位文化传播行家的高论。

马树峰 图

我们企业从前行中的迷惑与探索，到新机遇下的坚定与执着，归根结底，缘于正本清源，缘于对文化基因的坚守。

——满长征

第八期

对话满长征："长征"路上不自满

东方儒家花园酒店隶属于东方儒家酒店集团，位于山东省曲阜市孔子研究院内。公司秉承"仁爱、互信、发展、共赢"的企业精神，以构建"大雅之家，礼宾天下"的企业文化为使命，彰显东方服务文化魅力，展现儒雅服务风采。其董事长满长征先生是一位颇具文化情怀的知名酒店人。本期沙龙将邀请满长征先生与大千先生一起，畅聊酒店文化。

■嘉宾　王大千

满长征　东方儒家酒店集团董事长

□主持　常强

□请问满总，从以往的瑞马香江酒店管理公司到今天的东方儒家酒店集团，从《紫金花》到《东方儒家》，是什么促使满总实现了公司与公司内刊的华丽转身？更名之后，对公司的发展和品牌的塑造，有何实际影响？

■满长征：回答这个问题要追溯到14年前。因喜迎香港回归而得名的香港大厦，十四年的拼搏奉献铸就其优质的品牌魅力，《紫荆花》杂志也在业内备受关注。十四年来，酒店在成长，集团在发展，在这样的历程中，市场环境也在急剧变化，国际品牌的触角在向三线城市延伸，本地市场格局提供了更多选择的机会，客人也在期盼着更加富有品质的消费体验。

在中国的酒店业成功走过改革开放30年的历程后，在酒店业的下一个30年中，有何种基因可以支撑酒店走得更加久远？我们一直在思索，也在前行。最终，我们将目标锁定在孔子故里，以感悟孔子"道之以德，齐之以礼"的文化商道。这位因思想而致中华民族文化传承的伟人，大概要远胜于历史上曾经的帝王将相、各类名流。基于对儒家文化的尊崇，创建富有民族特色、文化底蕴的专业化酒店管理集团成为我们新的使命。

□对于满总公司的重新定位，王秘书长怎么看？随着事业的做大做强，满总离传统文化的距离已经越来越近。作为传统文化的拥护者与传播者，您应该感到很欣慰吧？

■王大千：满总的酒店集团的定位转变，我看了很高兴，但他们本身才是最大的受益者，因为他们找到了行业发展的灵魂和根脉。根据我多年来对满总的关注和了解，与其说他在搞经营，倒不如说他在搞文化。

《论语·子路》中说："名不正，则言不顺；言不顺，则事不成。"所以名字、来头很重要。好多人都是因为改了名字才出的名。在不成名或影响有待进一步提升时，名字有的时候会发挥很重要的作用。名字是有利于品牌塑造和认可度提升的。

□这与满总对儒家文化的热衷和践行应该也有密切的联系吧？

■王大千：儒家文化是中国文化的主流，在历史上，儒家文化对中华民族精神的形成产生了重要的影响。我国历代有文化情怀的商人都与儒家思想有着千丝万缕的联系，他们自觉把诚、信、义等儒家伦理应用到商业经营之中，倡导"恪守信用，推己及人"的商业道德，真正做到了"在商不唯商，求利不唯利"的商业品格。

我对满总这个人有这么几点认识：第一，有品德。满总的口碑一直是很好的。他待人热情诚恳，注重以人为本，是一位典型的儒商。第二，学习力强。有很多企业家在事业做大到一定程度之后，会故步自封，不思进取。而满总的头脑中，一直存在着创新的思维，他能够像孔子一样"不耻下问"，向周围一切值得学习的人学习。第三，执着。满总做酒店企业十几年来，经历了许多磨难和波折，但都坚持了下来。他今日的辉煌成就与他对事业的那股忠诚与执着密不可分。可以说，他真的做到了别人对他的那句评价——"长征路上不自满"。

■满长征：王总过奖了。我们企业从前行中的迷惑与探索，到新机遇下的坚定与执着，归根结底，缘于正本清源，缘于对文化基因的坚守。在今天的酒店市场上，企业文化对酒店竞争力的增强很关键，文化底蕴才是企业的生命力所在。我们的企业扎根于孔孟之乡，更应当打造出具有儒家文化特色的主题酒店。

□"金钥匙"是知名的国际酒店组织，它的口号是——"在客人的惊喜中，找到富有乐趣的人生"。也就是说，酒店服务要以客户为中心，把客户的快乐当成自己的快乐。东方儒家酒店集团的旗舰店——香港大厦于 2001 年便加入了该组织。请问满总，您如何看待"金钥匙"？

■满长征："金钥匙"服务倡导"先利人，后利己，用心极致，满意加惊喜，在客人的惊喜中找到富有的人生"的服务理念，代表了酒店个性化服务的最高水平和发展方向，成为现代饭店完美服务的代名词，也是全球饭店业的光荣与梦想。香港大厦于 2001 年 11 月 6 日正式加入了中国饭店"金钥匙"组织，为我们带来了一种新的理念，也就是我们常说的："先利人，后利己，用心极致，满意加惊喜，在客人的惊喜中找到富有的人生。"这看似简单的几句话，包含三层意思:“先利人,后利己”的人生观;“满意加惊喜”的服务效果;从事“金钥匙”服务人员的追求目标——“在客人的惊喜中找到富有的人生”。“金钥匙”也如同一颗种子在孔孟之乡这块肥沃的土壤中扎根、发芽。

□“金钥匙”的境界的确很高,这与儒家所倡导的一些理念不谋而合。

■王大千:儒家文化的许多理念都可以在酒店经营与管理当中落地。比如“仁者爱人”“己所不欲,勿施于人”“里仁为美”等。在服务行业,能够真正践行儒家思想,其效果肯定非同一般。需要明白,文化主题酒店中的“人”是酒店文化产业的主体,酒店员工的素质也决定了酒店的发展和品质。现如今大多数酒店的企业文化趋于同质,文化格式单一,内容陈旧,可复制性强,在酒店核心竞争力的塑造上,已不具有“先人之势”的超前性。因此,构建儒家文化主题酒店,就是要以儒家思想来打破原有的企业文化格式,再造新的强势文化。

□我们参观了东方儒家酒店集团旗下的香港大厦,发现它在装饰上借鉴了许多中国传统文化的元素。可以看出,在酒店装饰上,东方儒家酒店集团是用了许多心思的。

■满长征:这个和我们酒店的定位有关。香港大厦系全国首家运河文化主题酒店。早在2005年,香港大厦在面临转型、调整发展期的时候,集团就对香港大厦的发展之路进行了认真思索。香港大厦在1997年系济宁硬件及服务最好的酒店,但随着社会的发展,济宁已有两家准五星级酒店,今后还将继续有五星级酒店进入济宁市场,香港大厦在硬件环境上已不具备优势。而且,由于受自身经营格局的限制,即使投入资金改造也无法与新五星级酒店在硬件上媲美。既然如此,那么下一步应该往哪个方向发展?对此,香港大厦提出了“实施差异化蓝海战略,建设精品型文化主题酒店”的工作思路。

我们集团的成员酒店根据自身环境、资源优势,分别打出了不同的主题:香港大厦为运河文化主题,东方儒家花园酒店为儒家文化主题,广电精品酒店为影视文化主题,香江长城商务酒店为婚宴文化主题。

■王大千:对于一家主题酒店而言,主题就是它的灵魂。酒店经营成功的秘诀在于市场定位正确,而市场定位的核心思想就是制造差异化。差异化具有唯一性。如今酒店的装修、设计和服务多为大同小异,而文化却各有千秋,选择具有特色、典型意义的文化作为主题来定位酒店,制造差异化,形成唯一性，化平淡为神奇，使其与众不同，打造出一个全新概念的个性化酒店，才能真正使酒店进入所谓的“无竞争或少竞争领域”。

□王秘书长之前曾担任过山东新闻大厦董事长，之后又致力于传统文化的传播与应用。您在酒店设计上应该更有发言权，您怎么看待品牌酒店的设计？

■王大千：根据我的经验，在酒店室内设计上，掌握这么几句话最关键：没有书画，就没有品位；没有瓷器，就没有亮点；没有盆景，就没有生气。

儒家文化作为一种学术概念、一种精神产品，只有通过一系列的物化手段，在酒店中才能得到具体的体现。为此，酒店需要在建筑空间、环境设计、物品陈列、员工服饰、酒店管理、对客服务、经营运作等方面做出精心的设计。需要明白，独具匠心是酒店营销的一种重要策略，是不可忽视的。

□请教满总，您在曲阜的孔子研究院内开办了独具文化特色的高档酒店——东方儒家花园酒店，为何会选择国际知名儒学研究机构为依托？

■满长征：东方儒家酒店集团的愿景为：成为区域一流，富有浓厚的东方儒家文化特色，宾客享受到地方文化体验，并能给员工搭建实现个人价值的平台及良好回报的综合型民族酒店集团。集团的旗舰店——东方儒家花园酒店与孔子研究院的景区、孔子研究机构、孔子展厅、儒学会馆等融为一体，这为东方儒家酒店集团进一步明确发展愿景、梳理文化定位提供了得天独厚的优势。

东方儒家酒店集团认为利用地域资源优势，建设富有特色的民族文化品牌酒店集团是孔孟之乡酒店从业者的责任和担当。而儒家文化的特色不仅体现在东方儒家花园酒店的装修、装点、环境氛围的营造中，而且更为重要的是，集团要积极探索一条把儒家思想与现代酒店管理理念、服务理念相融合的管理模式。通过这种独特的氛围，构建富有特色、性价比高的综合产品体系，给宾客带来美好体验。

□请问满总，贵公司是一家以精心打造儒家服务文化为特征的酒店管理集团，那么贵公司在文化落地方面，又有何举措？

■满长征：企业文化建设是一项系统工程，表现在集团及成员酒店的方方面面。集团从以下四个层面，展开文化建设：第一，物质文化层面，集团 VI 形象标识系统的具体应用及各主题酒店建设方案的制订实施。第二,制度文化层面,有着具体的关于品质管理的内容。第三,行为文化层面,员工的衣着打扮、一言一行均代表了酒店的文化。第四,精神文化层面,坚持儒家思想与现代酒店经营、管理、服务相融合的原则,形成文化氛围,直达“内化于心,外化于形”的目标。

□要让企业文化得以在公司上下落地生根,以至于开花结果,员工的配合至关重要。因此,建设一支什么样的团队就显得非常重要了。王秘书长在听了满总的介绍之后,有什么好的意见和建议呢?

■王大千:《论语》开篇就论及了学习,这就需要员工在学习上下工夫了。可以说,建设学习型团队,是企业文化落地的必要准备。建设企业文化是为实现企业愿景目标服务的,企业愿景目标决定着文化建设的类型、特征和方式。有句话说得好:“21 世纪企业间的竞争,实质是企业学习能力的竞争,而竞争的唯一优势,来自于比竞争对手更快的学习能力。”

刚才满总也提到了,要“内化于心,外化于形”,其实,“内化于心,外化于形,固化于制”,是企业文化落地的标志。其中制度管理属于企业文化建设的中间层,是通向文化管理的现实桥梁,是将企业核心价值观融入企业管理的有效途径,是保证企业文化落地的最有形的方式。那么,把无形的企业文化通过有形的制度载体固定下来,在有形的管理制度中渗透出企业文化的内涵,以企业文化建设的优秀成果促进企业管理机制和制度的创新,这便是让企业文化落地的关键。

□对于做企业,有这么一种说法:创业初期靠人治,之后靠制度,最高境界是依靠文化。两位怎么看这个观点?

■满长征:对于这一点,我本人高度认同。在创业初期,靠的是一股对事业的忠诚和激情。领导人的以身作则、率先垂范,一级做给一级看,一级带着一级干,特别重要。

目前来看,香港大厦相对成熟的管理模式,也是能够形成东方儒家酒店集团非常重要的支撑。这时,企业的发展又面临着新的阶段的问题,如经营模式的复制。在复制的过程中,我们深深认识到,只有有着共同目标的团队,才能接受共同的理念,在不同的区域、不同的酒店,由不同的员工步调一致地贯彻相同的经营管理模式。在集团化运营层面,统一的思想、文化的宣传贯彻尤为重要。也就是您所讲的企业的管理由个人的魅力到了制度治理，再到文化，由法治变成自治，对员工来讲就是由“要我干”到“我要干”，这都是企业文化的力量，而这种力量也势必会转化成最为强大的生产力。在这方面，我们集团也是刚刚起步，未来还有很多工作要做。

■王大千：往深处看，这不单单与企业自身的发展壮大有关，更与企业家自身的文化认同密不可分。在当下时代，企业家人文精神的重构是大势所趋，是民族和时代的需要。企业家文化品格和文化精神的建构，具体说是企业家自身成熟、国民经济发展、社会和谐等诸多方面的共同需求。国家的强大靠什么？靠经济。经济发展靠什么？靠企业家的创业。企业家靠什么创业？不少人从不同角度谈了很多，但归根结底要靠文化。确切地说，是靠文化所成就的企业精神。具体到您的企业，这种精神就是来源于儒家思想的核心价值理念。

□满总对未来有何打算与规划？请与我们分享一下。

■满长征：最近，我们正在讨论东方儒家酒店集团未来3～5年的发展规划。在东方儒家酒店集团的规划中，我们明确提出了集团的新愿景，那就是：成为区域一流，富有浓厚的东方儒家文化特色，宾客享受到地方文化体验，并能给员工搭建实现个人价值的平台及良好回报的综合型民族酒店集团。

■王大千：我相信贵公司立足于孔孟之乡，并坚持追求卓越、尽善尽美的管理和服务理念，肯定可以把品牌做得更大，使儒家文化在服务行业实现真正落地。

制作红木家具对于我已经不仅仅是一份职业，更是一份对事业的感情和追求。

——宋卫东

第九期

对话宋卫东：苏作经典，文化之“福”

苏福是一家以弘扬红木文化为宗旨的红木制品企业，主要生产、销售“苏式”家具、仿古家具、雕刻工艺品等各种复古风格的高档红木制品。其董事长宋卫东先生执着于红木文化的研习与传承，对儒家文化更是高度认同。本期沙龙，我们邀请大千先生对话宋卫东先生，请两位就红木文化的现状与价值展开对话。

■嘉宾　王大千

　　　　宋卫东　苏福红木董事长

□主持　常强

□首先请宋总谈一下，您与红木家具是怎样结缘的？您对红木家具有怎样的感情？

■宋卫东：在苏州，坊间流传着一句老话："荒田荒地荒不掉手艺人。"把手艺看作铁饭碗，可见手工艺行当在苏州人眼中的重要性。我自幼生长于这样一个到处充满着"苏工"影响的环境中，耳濡目染，自己逐渐钟情于苏州的传统手工技艺，其间又受到上代手艺人的影响，于是在15岁那年，我便踏入了在历史上享誉盛名的明清家具制作行当。从学徒、师傅，到组长、主任，再到最后自己创办苏福红木，其间我一直忙碌在生产第一线，深入家具制作的每个环节。也是在这个过程中，我悟出了明清家具的真谛，感受到苏作红木的博大精深，体会到明清家具的魅力不只在于其独到的榫卯结构和工艺价值，更重要的是其骨子里深厚的文化底蕴，因为每一件家具都凝注着先辈的感情和智慧。有了这些，我对红木家具也有了一个全新的了解和认识，制作红木家具对于我已经不仅仅是一份职业，更是一份对事业的感情和追求。

□王秘书长对红木家具接触也非常多，可否谈谈您对红木家具的认识？

■王大千：刚才宋总谈到他与红木家具的缘分，时间很久了，一步一步地走到现在，很不容易。家具是人类历史、地理、风土人情、传统习俗、价值观念等元素的实物载体。尤其是红木家具，它不同于一般的消费品，其展现的是文化的价值和历史的底蕴，往往可以反映一个人、一个家庭的文化修养和审美情趣。红木家具，更能展现人的儒雅风范和文化气质。

□苏福红木坐落于苏州。苏州是历史文化名城，同时也是江苏现代化程度最高的城市，可谓古今交融，中外合璧。请问宋总，在红木家具的制作上，苏福红木有没有考虑到古今中外的结合问题？

■宋卫东：红木家具流传至今，有它特有的文化和背景。从明代文人家具，到清代繁华雕刻的宫廷家具，再到20世纪80年代的板式家具，发展到当今再现中式复古风格，这是一段漫长悠久的历史演变。悠久的演变过程也赋予了红木家具深厚的中国风格。而当代随着中外交流的深入，外来的家居文化对中国原有的家居文化也产生了一定的影响和冲击。相比较而言，西方家具因其历史文化等各种原因，制作设计更多适应当今时代生活的发展需求，实用性较强，舒适性偏重。苏福红木在传承的过程中，在继承古人传统技艺的基础上，加以创新和发展，使其能够适应时代特征，有利于未来更好地发展和传承；同时，吸收外来文化中实用性、人性化的特点，使红木家具历久弥新，体现了古为今用的特点。

□红木家具往往承载的是中国传统文化的思想与理念。而在当下这个多元化的时代，王秘书长认为红木家具该如何体现古为今用呢？

■王大千：上海收藏家吴少华说过一句话："红木家具是经典的，它承载了中国传统文化。"在中国传统文化日渐引起人们重视的今天，有越来越多的人钟情于红木家具，实乃大势所趋。但这是一个中西交融、中西互补的时代，红木家具完全展现"中国风"，或许显得不那么"跟风"。比如，韵味十足的中式家具，对年轻人而言，或许会略显呆板。如果能够适当加入一些时尚元素或混搭风格，或许更耐人寻味，也更能体现潮流气质。比如这个"天地儒风"会所，在古色古香的空间内，安排一面红酒架，更显得气度非凡，"和而不同"。

□苏福红木强调要"诚信铸品牌"。《中庸》中说："诚者，天之道也。诚之者，人之道也。"两位对"诚"有何体会？

■宋卫东：在我国传统的儒家伦理中，诚实守信被视为"立人之本""立政之本""进德修业之本"。孔子曾说："人而无信，不知其可也。"（《论语·为政》）他甚至把"信"摆到了关系国家兴亡的重要位置，认为国家的朝政得不到人民的信任是立不住脚的。可见，诚信是为人处世的基本原则。而在商场上，诚信更被视为生命，这是一种责任。我们讲的"诚信铸品牌"，实际就是在用一种责任感来经营企业，面对客户。品牌不是花钱做广告而来的，而是以品质打造出来的，是经过不断购买他们产品的顾客认可而形成的。产品能经受住时间的检验，经受住消费者的检验，才是有品质的产品，也才能形成好的品牌。

■王大千：习近平总书记在担任国家副主席时，曾在中央党校讲话中指出，“有诚才成，有德才得”，这就是儒家的“修齐治平”精神的具体阐释。干一番事业，没有道德，不讲诚信，怎么可能成功？欺骗和造假最后只能换得个“孤家寡人”。现在来看，红木家具属于高端消费品，更应当注重品质，在产品质量上严把关，这是形成品牌的关键所在。宋总认识到了孔老夫子对诚信的重视，相信他的事业定能做得更大。

□今天许多人在建筑装饰上，都喜欢采用中式风格，这与西洋风格形成两种截然不同的艺术情调。在两位看来，中国传统文化元素在建筑设计及室内装饰上为何会越来越受到人们的青睐？

■宋卫东：传统中式风格备受青睐，消费群体也越来越年轻化。它不仅受到保留传统观念的四五十岁以上的消费者喜爱，而且随着对中国传统文化的深入了解，一部分有思想、有文化、有成就的年轻消费者对传统中式家具也产生了越来越浓厚的兴趣。这是因为中式风格的建筑在选材、结构、色调各方面都有着一种特有的传承，经得起时间的洗礼，历久弥新。每个构件都有着它独到的作用与含义；每幅图案都含着它独特的故事和出处。而西洋风格的装饰大同小异，只是强调花型的装饰性。而今国内采用的西洋装饰不追求材质、结构，实际跟国外的经典建筑有着天壤之别。

■王大千：就红木家具而言，它之所以会受到人们的喜欢，在于它是中国传统文化的传承载体。中华民族五千年的文明史，造就了辉煌灿烂、博大精深的民族文化。作为传承中国文化的重要符号，红木家具的设计理念自然深受中国传统文化的影响。

比如，红木家具以其质地坚硬、色泽幽雅、肌理华美的自然之美，以其稳重大气、简洁流畅的态势之美，以及圈椅、牙板、马蹄脚等寓意生动的造型之美，充分表现出了造物与自然之物的和谐。这是“天人合一”的哲学思想对红木家具设计理念的深远影响。又如，曲线与直线的对比，柔中带刚，虚实相生，灵动而沉着的红木家具设计理念，也充分显示出了道家思想中“顺应自然，崇尚节俭”的生活信条、“不以物喜，不以己悲”的处世原则和“抱朴守真，寂空无为”的价值取向。

□有人说，使用红木家具是一种奢侈，是一种炫耀。对此，两位怎么看？我们应当如何正视红木家具及红木文化？

■宋卫东：红木家具起源于中国，是中国的"国粹"。与中国景德镇瓷器一样，红木家具是中华民族的艺术瑰宝。红木家具不仅仅是家具，还至少包括艺术、文化和财富。红木家具，作为特殊的艺术品，其真正的价值是由自身的品质因素和外在条件来决定的。使用红木家具不能作为一种奢侈和炫耀。红木家具富含文化气息，代表着一种高雅品位。品赏红木家具有利于心境平和，启迪人们感悟人生，提升人们的品位。

我们必须认清红木家具的真正价值。红木家具如果没有了文化，没有了品质，就算某些人自认为拥有了红木家具，也只是自欺欺人罢了。没有食物不能生存，而没有红木却无关紧要，红木家具不是必需品。我们呼吁为了保护和传承红木传统文化，大家一起认识红木家具，抵制粗制滥造产品，珍惜生长百年、千年的红木资源。

■王大千：从目前来看，红木家具的确属于高档消费的范畴，或许不是一般家庭所能承受的。但把使用、收藏红木家具等同于奢侈和炫耀，显然太轻率了。红木家具在本质上展现的是中国传统文化艺术的当代价值。文化艺术的价值，自然是无价的。红木家具是中式文化的集大成者。中国传统文化博大精深，其间经历了五千余年的沧桑，可以说是千回百转，源远流长，有太多民族性格和智慧在岁月中积淀了精粹。如此产品，我们怎能将其与奢侈浪费联系在一起呢？欣赏红木家具，收藏红木家具，这是对中华文化的尊重和重视，值得我们赞扬与敬佩。但是我们不主张一味地追求价格的高与贵，在选用上更要适可而止，量力而行，注重的应是文化的价值。

□王秘书长所接触的朋友，都是中国传统文化的钟情者和应用者，其中不乏喜爱红木收藏的朋友。最后，作为专业人士，我们请宋总介绍一下红木购置及收藏需要注意的问题。

■宋卫东：购置、收藏红木家具，应该注意以下几点：

首先要看这家生产厂商是不是真正懂得红木，理解红木家具的知识、文化。如果生产厂商对产品都不理解，只是一味地跟风与盈利，能做出什么好的家具呢？参观厂部生产环节是最重要的一环。

百年传承的一件好家具，没有内在合理的榫卯结构是不可能传承与留传下来的，但这一现象在家具表面是看不到的。现今市场上家具的表面处理方式有三种：打蜡、生化及油漆。大多数消费者认为打蜡家具才是最好的，实际上打蜡家具是省二道的做法。

打蜡家具是最省工、最简单的做法，1～2天就能完成一套家具。然而打蜡家具最大的缺点是，当时欣赏还可以，但经不起时间，更经不起使用。就拿桌子来说吧，一旦遇到水渍，水马上会渗透到木质里面，导致桌子红一块白一块。不理解家具的做法省工，才会造成这种后果。

第二种做法是做漆。只要是做红木家具的厂商，全部会说做的是全生漆家具。实际上当今市场上全生漆家具少之又少，大多只是采用化学漆封面，最后上一道生漆而已。这种家具看上去光光亮亮的，但没有一点木质的华丽感，也不能体现好木材内含的一种纤维素——家具才能体现的包浆。

第三种做法才是传统的全生漆做法。此做法费工费材，一套流程需要20天左右才能完成，还需要适宜的气温跟干湿度。此种家具做法对家具本身的保护、对效果长远来说，是一种真正体现出精神、气韵的做法，这才是红木文化的一部分。

再说现今家具的雕花。随着现代科学的高速发展，机雕完全涉入到家具雕花领域，但机雕与手工雕有着截然不同的味道。机雕只是一种模仿，根本体现不出神、韵和活灵活现的感觉。雕花本来就是一种艺术创作，如果体现不出美感，那还不如欣赏木质的自然纹理。一件好的艺术家具，能做到形、神、韵三者兼具，可以说是“三分材料七分工”。

最后说说打磨。细节的打磨，神韵的保留，对操作师傅的要求是很高的，做不好就不能体现出神韵。比如汽车、代步微型车与豪华工艺车的感觉截然不同，这就是好与坏的差距，这就是品质的体现。

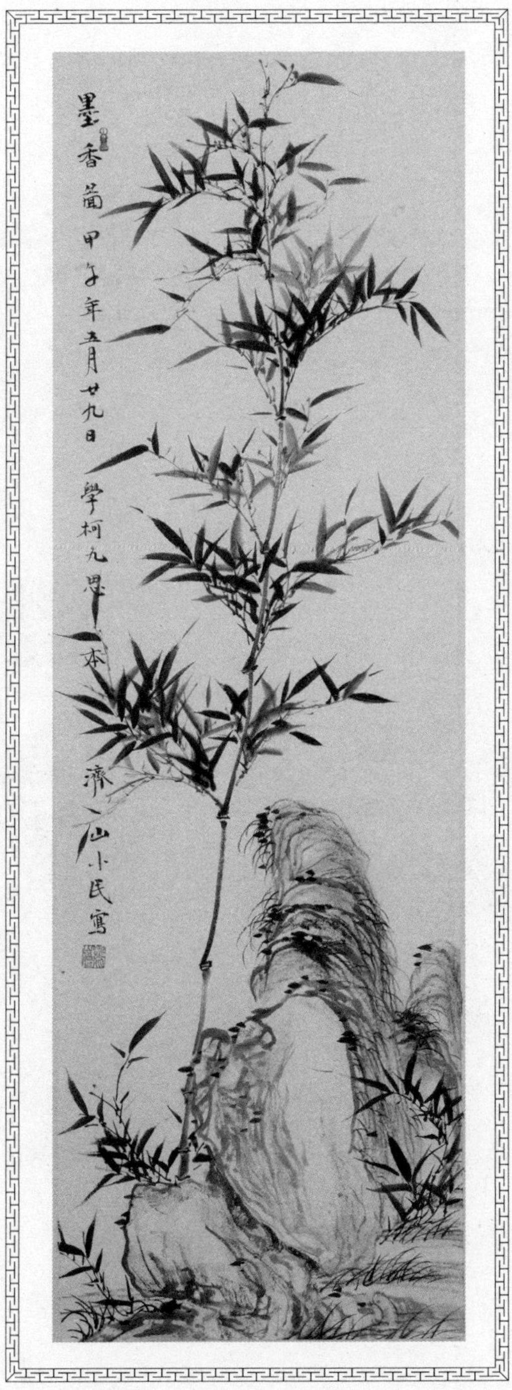

马树峰 图

纯粹是我们每一个人的灵魂，不能失去它。

——史玉妍

第十期

对话史玉妍：南方的守望

近年来，广州史玉妍女士在南中国坚持师承学术传统，执着于中国优秀传统文化的普及与传播。继创办企业家国学教育学习基地——明伦堂之后，她又开始接管具有百年文化积淀、见证过历史关键时刻的文化道场——万木草堂。本期沙龙我们邀请史玉妍女士对话大千先生，让我们看看她是如何守望文化之纯粹的。

■嘉宾　王大千

史玉妍　万木草堂馆长、广东炎黄文化画院副秘书长

□主持　常强

□我们看到在史女士的办公室中，悬挂着“守望纯粹”四个字，而您创办的文化刊物又取名为《守望纯粹》，这四个字应该对您有很重要的意义，是这样吗？

■史玉妍：2008年的时候，我在北京的一家会所里，偶然翻到一本关于艺术绘画的杂志。里面的艺术家谈到“纯粹”，大概意思是说，“纯粹”是自己心中最真实的、最坚守的，也是最具个性的、最有魅力的那一部分，它区别于其他人，但又不是格格不入的，而是能引起他人的共鸣的。这对我触动很大。

有时候我们盲目地去学这个技能、那个技能，但如果忘记了自己最真、最质朴、最个性的那一部分，那就等于失去了自我。你之所以是你，不就是你的想法、你的天真、你的执着、你的坚守让你成为了你自己吗？除此以外还有什么？

□所以，我们要守望好自己那最本真、最显真性情的灵魂。

■史玉妍：可以这样说，纯粹是我们每一个人的灵魂，不能失去它。中国传统文化说“诚”，《大学》《中庸》都在解释这个“诚”。因为这是你自己面对你自己时候的状态，你可以骗人，也可以自欺，就看你怎么面对你自己。跟别人隔绝的时候，“君子慎其独”的时候，你怎么做？西方文化中也讲，“认识你自己”。

□王秘书长如何理解史女士的这种对“纯粹”的“守望”？

■王大千：“纯粹”，就是真善美，最为核心的内容就是儒家一直强调的“正心诚意”。没有这个“诚”，我们就很难说“守望”。就像我们面对“善”，我们知道善不一定有善报，但是不是我们就因此而不去坚守善良，甚至见利而害义呢？西方也早就讨论过这个问题。我们去读柏拉图的《理想国》，开始就讨论

“正义”的问题。我们行善是为什么？是因为它能给我们带来什么好处吗？所以这完全是你的价值观的问题，看你的价值判断是什么。再有“诚”，有这个“纯粹”，“毋自欺也”，我们就可以“不动心”了，也不会因为别人作恶而作恶了，更不会还觉得自己吃亏了，因为你的立足点不同了。

□史女士在前几年创立了“明伦堂”这个国学教育平台。我们知道，其他地方如文庙都有明伦堂，您为什么会选择“明伦堂”这个名称？

■史玉妍：“明伦堂”这三个字是引用文庙的明伦堂，不是我自己创造的，也不是想借古人做文章。这个跟我自己的经历有关系。我是从2007年开始做国学教育的。最开始的时候是女子教育，后来是国学班，到现在是“明伦堂”企业家国学教育学习基地。

另外一个原因即是比较私人的了。明伦堂对于我，不光是一个文化的教育平台，引用“明伦堂”这三个字，更是要给自己一个提示和警醒。

■王大千：历史上的明伦堂是一个传播中华优秀文化的地方，以前的学子在科考之前都在文庙的明伦堂里上课。我们可以看到四大书院之首的岳麓书院里也有明伦堂。秩序的建立，是所有圣哲的思考中心点。

史女士将自己的教育平台取名为“明伦堂”，从文化意义上来讲，就有着继承和传承的意思，所以应该恢复古代明伦堂的功能，要恢复它往日的学风。文化、尊严、教养、文雅，就是其中的内容。与此同时，明伦堂也自然而然地向这个时代注入了一种声音——一种文化的声音、精神的声音。

□说到文化，现在的情形好像不容乐观。一提到国学，一提到文化，大家都觉得高高在上，觉得没有用。问来问去，包括一些大学者也说，“无用之用是为大用”。所以我们看到大家追求的还是MBA之类的可以直接进入管理的课程要多一些。对此，二位怎么看？

■史玉妍：无论是EMBA还是国学文化，它们都有其自身的属性。文化也有自身的属性。越是保持各自的“纯粹”，就越是保存它的个性。我们常说，越是民族的越是世界的，文化也是这样，越是自己的才越是大家的。文化的作用，国学的作用，不是看它交给我们怎样的某个技能，而是看它对于我们的一种指导，对于我们思维的一点一滴的开启。要说影响，是渗透进我们生活方方面面的一种影响。就这个角度说，国学一定是有用的。

■王大千：中国传统文化中，儒家很重要的一个观念，就是“经世致用”。我一直有个观点：传统是活着的从前。好的传统文化都与时代相吻合，都是有生命力的。就像史女士所说，传统文化始终渗透在我们生活的方方面面。

为什么这么说？我们可以去看看在2008年金融危机的时候，东西一对比，就知道还是有差别的。西方在避开危机的方式处理上，比较先考虑裁员，但是比如日本、韩国，他们不会这么考虑。因为受儒家文化的影响，他们除了制度，还会考虑“人情”——不是说像我们平时理解的“人情关系”，而就仅仅是“人情”，由此而生出的“不忍”，这个就直接导致他们在处理这类危机的时候，第一考虑的一定不是裁员。

孔子强调“仁”。“仁”是对礼的软化，使礼富有人情味，在西方制度大行其道时，儒家的作为就是用一种软性的“情”使“制度”具有某种张力，不至于那么剑拔弩张。这个难道不是“用”吗？此外，儒家强调“和谐”，不光指个人，更关键的还有人和人。我们的很多失败，其实都不是自身能力的原因，而是洞悉人性不够，这个占比也很高。我们应该和谐，你看很多生意人，自身的不和谐导致了很多不理想的结局。

□史女士将自己的文化理念定为“传承相续，爝火不息”，也是希望有那么一部分人开始去做传承中国文化的事情？

■史玉妍：“传承相续，爝火不息”，这个话看起来好像是对别人说，其实是对我们自己说的。我们要问我们自己，我们做了什么。在这点上，我比较趋于温和派，非常同意胡适先生的看法：文明不是笼统造成的，是一点一滴造成的。

刚刚您也提到要坚守“纯粹”很难，因为必须跟市场跟经济发生关系。那么文化、教育在市场中会不会发生异化？中国的市场经济很复杂，因为它还没有摆脱一些体制性的东西，在经济活动中还要依附行政，而文化在通过这样的介质时会不会做起来更难？

■史玉妍：坚守“纯粹”很难，其实就是把握人心很难。我想你说的这个问题要放在不同的层面来说。如果就教学内容来讲，是坚决不可以商业化的。文化就是文化。屈就或者大众化都是有损于文化本身的。但是从经营公司的角度说，它是要有商业的模式在里面的。因为整个的活动属于经济活动，要按照市场经济规律办事，也要按照商业伦理进行。

□现在很多文化产业都会去文化现场，您也有文化考察，因为光是坐在教室里上课是比较枯燥的，形式也比较单一，而去文化现场有身临其境的感觉。这种文化考察与个人的旅行有何区别？

■史玉妍：我们组织学员去过曲阜孔庙，走过玄奘之路。其实在文化考察的过程中，最重要的是我们可以思考一些平时被掩埋的问题。因为平时工作忙，很多人没有办法在工作的场景下去思考一些关于心灵和灵魂的问题，只能思考眼下的看起来很急的问题。而在文化考察的环境中，很多时候一些深层次的文化元素会促使人进行一些本质的思考：我们为什么活着？要怎样地活着？从哪里来，要到哪里去？而这正是文化考察区别于其他旅行的地方，即文化考察不是单纯地用眼睛去看，而是用心去聆听、去反思，去发现自己。

□王秘书长接触的企业家也是比较多的，尤其是具有文化认同感的企业经营者。越是对中国传统文化有感情、有认同的企业家，王秘书长越是愿意与他们深入交流、做朋友。根据您的经历，请谈一谈企业家的人文素养与文化情怀。

■王大千：现代社会和圣贤生活的时代，虽然有着很大的区别，但是根本上应该是一样的。不论是谁，都会面临竞争、压力和焦虑这些东西。孔子经典里讲的快乐、寻找精神家园、乐天知命、关注当下这些理念，对于回答现代问题很有启发。

我读《论语》，得出一个结论：孔子是在教育人们如何做快乐的“时尚达人”。像这样一位老人，不单单企业家会喜欢，所有人都会对他产生亲近感的。史女士做企业家国学培训这么久，肯定会有同感。一个真正的企业家，同时也是一个民族、一个国家的精英，他们在事业上成功了，自然就会有提升境界、提高觉悟的内在要求。不论是为了企业的持续经营，还是为了个人的内心安顿和灵魂解脱，企业家都应当在中国传统文化中，找到适合自我的文化营养品。以此为滋养，他们的身心会更和谐，企业的发展也会更稳健、更健康、更光明。

□在王秘书长看来，求助于中国的传统文化，会令企业家的境界提升，有利于其身心修养和企业的进一步发展。其实，对所有人而言，学习传统文化，都会对自己有所帮助、有所提升。

■王大千：我觉得传统文化精神与时代是相融相通的，我们现今的民族文化、民族性格与传统是一致的。比如我们说"和谐社会首先是内心的和谐",这与儒家的"修己以安人"是相通的,只有先使自身的心灵安定、平和,才能安天下、安百姓。

再比如,"90后""00后"所谓的"新新人类",如果你说他"这是个小人",他也会不高兴。向善之心、做君子之心是每个人都有的,并未因时代变化而断绝和割裂,我们的价值观依然与古人相通。如电视上《非诚勿扰》之类的征婚节目,那是"80后""90后"的择偶选择,但里面也充满对"仁义礼智信"的看重。看这些节目,你会发现通常那些谦虚的人、老实的人、有担当的人、孝顺的人成功率比较高。所谓"刚毅木讷近仁",那些巧言令色、骄傲自大、夸夸其谈的人一般不会受欢迎。这说明今天青年人的基本价值观是正统的、正面的、正确的。

当下社会处于转型期,虽然经济发展了,但很多人忙忙碌碌,心态浮躁,精神空虚,惶惑不安。这些状况为什么会出现?因为社会发展太快,而个人选择太多,各种欲望太强,让人无所适从,心灵无法安定。孟子有言,"行有不得,反求诸己"。要解决这些困惑,需要重新审视、反思自身,求助于自己的文化传统,去作文化上的回顾和观照。

□王秘书长对史女士有何期待?

■王大千:史女士在广州这一市场经济开风气之先的南粤大地推广中国传统文化,从零到有,从小到大,很不容易,值得肯定。今天,在郭建基堂主的支持下,您又全面负责起百年著名书院——万木草堂,大有可为。我们称万木草堂是"南方的守望",希望万木草堂可以为更多的国学爱好者提供一个可以修身养性、可以以文会友的文化"道场",让中国传统文化的美丽花朵在更广阔的天地里绽放。

马树峰 图

《新论语》是一本“重构的经典”，但就本质而言，仍然是《论语》。

——钱宁

第十一期

对话钱宁：将孔子思想“一以贯之”

北京三联书店前几年出版了学者钱宁先生重编的《新论语》，此书将《论语》的章节全部进行分拆，并重新结构。《新论语》之“新”，是新在了编排体例上，以“仁”为核心，重新结构了原文。用大千先生的话说，“这本书体现了一以贯之的思想”。本期沙龙，大千先生将与钱宁先生一起探讨《新论语》的魅力和价值。

■嘉宾　王大千

钱宁　著名作家、学者

□主持　常强

□首先请问钱宁先生，您是何时对中国传统经典产生兴趣的？是什么原因，激发了您对《论语》进行重新编排的想法？

■钱宁：我在大学读的专业是古典文学，但对孔子和《论语》产生兴趣却是在十年前。当时，我读到司马迁的《孔子世家》，心中突然有了感动，就写了一部以孔子生平事迹为题材的历史小说《圣人》。后来，这部小说被改编成为大型电视连续剧《孔子》，我也一直参与其中。2009 年 9 月，我又在《新民晚报》副刊“夜光杯”开设了一个谈论孔子和《论语》的专栏“尼山风光”。这其间，我常读《论语》。正是在这反复阅读的过程中，我感到《论语》的传统编排有点“散乱无章”，于是，有了“重编”的想法。

□有的评论称，《新论语》是“最具革命性和建设性的重编”。在两位看来，它的亮点在哪里？

■王大千：在我看来，钱宁先生重构《论语》的意义在于，这部书以内在的逻辑性系统而缜密地再现了孔子的思想，充分体现出孔子所说的“吾道一以贯之”。

自《论语》诞生以来，历代先贤先哲对其都有自己的解读和理解，他们对《论语》的系统理解汇集成了一部又一部的经典注释书籍。但几乎没有一位学者，有大胆解构《论语》，再将其整合为一的想法和实践。这是钱先生的胆识，也是钱先生的创新。

□在您身边工作，您常叮嘱年轻人要常读经典。而读经典尤其是《论语》，其实也要掌握一个方法。先理解，然后再背诵，这是一个正常的逻辑。

■王大千：人生在世，不论什么人，都需要从孔子的思想中汲取做人与处世的智慧。尤其是今天，面对诸多的浮躁、多变和嘈杂，我们如何能保持喧嚣中的宁静，显得格外重要。而《论语》恰恰可以做我们安神镇痛的心药，但怎么读很重要。这就涉及学习传统文化经典的方法问题。其实，普通人读《论语》，既不需要专家式的考据，也不必作什么权威性的解读。只要方便，只要实用，便足矣。钱先生的《新论语》，可使我们从宏观上把握孔子的思想，这对深入了解孔子思想无疑是非常有帮助的。

□再请钱先生谈一谈《新论语》的重编。

■钱宁：这里所说的"重编"，实质上，是"重构"——系统地分拆，然后重构文本，以展现其经典中原有的意义、内涵和逻辑。

因此，《新论语》之"新"，在于打破了《论语》原有的编排体例，以"仁"为核心，依据孔子思想的内在逻辑，重新结构了原文，从而使《论语》呈现出了前所未有的新面貌。

《新论语》分为内编与外编：内编收录了所有"子曰"之语，外编是弟子之言和其他辑录。这样就保证了孔子言论的准确性与纯粹性。内编又分为核心篇、路径篇、实践篇、例证篇和哲思篇。

核心篇以"仁"为核心，阐释的是"仁"的定义和内涵，并将孝、悌、信视为其呈现形态，将礼视为其外化形式。路径篇指明求取"仁"的三条途径：学习、修身和践行。孔子认为，"有仁"之人，就是"君子"，并进一步提出区分"君子"和"小人"的标准。实践篇探讨了"仁"的实际应用。如何从政？有一整套的治国方略。如何处世？告诉你怎么面对富贵、闻达，怎样做人、交友、识人，等等。例证篇通过评论弟子、谈诗说乐、思辨案例、议论时政、臧否人物、评说历史，以"案例教学"的方式，来启发弟子们更具体和深入地理解和领悟"仁"的实质。在这一篇中，许多原来因缺乏语境而常常令人感到不知所云的"子曰"，都重新获得了"结构上的意义"。哲思篇是将"仁"放在"天命"的层次来思考，并讨论了鬼神、生死、时光等哲学命题，其中，"性与天道"是孔子学说中最为高深的部分。

外编则分为评价篇、记忆篇与阐释篇，是孔门弟子们对老师生前音容笑貌、行为举止的回忆，以及对其主要思想所作的进一步阐释。

总之，《新论语》是一本"重构的经典"，但就本质而言，仍然是《论语》。它的全部内容都来自《论语》，并无一字一句的增删。

□我们可不可以有这样一种期待：在未来，《新论语》可以取代张禹版《论语》？

■钱宁:《论语》作为儒学经典,其历史文献的价值是无法替代的。《新论语》是对经典的一种新形式的解读,既是为了让《论语》文本所具有的深意更好地展现出来,也是为了帮助现代人更容易地读懂《论语》。

■王大千:《论语》的编排得到了历代中国人的默许和认可,显然不可能人为将其推倒。尤其是学者,他们不仅对《论语》的思想精髓,更对《论语》的编排形式有着深厚的感情。但这些也不足以影响钱宁先生的《新论语》的普及和推广。钱宁先生从自己的感悟出发,读懂了孔子,读出了《论语》的新意。这两个版本、两种编排,正好可以"各美其美"。

□请教钱先生,您曾长期留学海外,根据您的了解,孔子在西方是怎样的一个形象?

■钱宁:在西方,孔子是名声最大的中国人,也是中国文化的象征,但《论语》更多的是被"只言片语"地引用,很少作为"经典"来阅读。这与《论语》缺乏内在逻辑的编排有着直接关系。因此,在西方人眼里,孔子更倾向于是一位生活中的智者,而不是深刻的哲学家。

"孔子文化世界行"已进行了五年,旨在于海外传播中国传统文化。根据王秘书长的了解,孔子在西方人那里是怎样的一个形象?

■王大千:西方人看待孔子,犹如我们看待他们的柏拉图、亚里士多德等先圣先哲,都是对一个民族的精神塑造和群体心理产生重大影响的伟人。但西方人对孔子的理解,往往只是通过只言片语,而不是那么系统。钱先生的《新论语》是以逻辑性见长的,或许更有利于外国人对孔子的系统了解。好多时候,西方人只知道孔子伟大,孔子有智慧,却并不了解其原因。《孔子在美国》那本书中,就介绍了一些西方人假托孔子的话,来讽刺当局,或者警醒他人,很有意思。这也表明了孔子在他们心目中的地位。

□钱宁先生曾对人说,在外国,孔子的地位不如老子,孔子只是讲修身的道德,而老子思想是充满辩证的哲理与智慧的。那么在您看来,孔子和老子,谁更有资格作中国的文化符号?为什么?

■钱宁:孔子和老子,是中国文化的两个方面,代表一种文化的不同的价值取向，都是对“道”的探寻。由于《论语》的解读不易和历史文献的局限，孔子思想的高度和深度并未被西方读者充分了解。在我看来，孔子思想的高深应该和老子一样，只是两者侧重点不同。

□对此，王秘书长怎么看？

■王大千：我同意钱先生的观点。老子的《道德经》是一部完整的哲学论著，是老子自己的创作，而《论语》未经孔子本人创作与编辑，是一部编辑过的课堂笔记。孔子与老子是中国文化的不同方面，但他们在同一层面，具有同样的高度。进取时学孔子，失意时学老子，这样说不是没有道理的。在我看来，形象地说，老子像一个家庭里面的“爷爷”，看得很透，又从后面讲道理，总是那么高屋建瓴；而孔子，则是这个家庭中的“爸爸”，他会具体问题具体分析，根据一个又一个的事例，告诉儿子该怎么去做。我们无法去说“爷爷”重要还是“爸爸”重要，二者各有侧重，但同等重要。

□钱先生，您曾说：“理解孔子，是为了更好地理解我们的时代；追寻传统，是为了探索未来之路。”中国的现代化道路，必将浸染浓郁的中国传统特色。那么在您看来，孔子在新的历史时代将发挥其怎样的价值？

■钱宁：孔子的思想充满了智慧。就像孔子强调学习，但学习，不仅是为了获取知识，更是为了“悟道”。今天，我们读《论语》也是同样的道理。读《论语》，不能把章句当作教条，而要学习其中的智慧。人类的知识，可能会陈旧，但人类的智慧却不会“过时”。孔子思想中的许多智慧，今天看来，仍然充满了“现代性”。比如，在人和人之间的关系上，孔子强调“己所不欲，勿施于人”，这一准则是否也能用在政府与民众的关系上呢？又比如在《论语·子路》中，孔子与子贡讨论“选人”，子贡问：“乡人皆好之，何如？”孔子说：“未可也。”子贡又问：“乡人皆恶之，何如？”孔子又说：“未可也。”孔子给出的标准是：“不如乡人之善者好之，其不善者恶之。”这对今天的人才选用，或许也能有一点启发。

最难的是，中间的那条界线划在哪里。我认为，孔子所说的“己所不欲，勿施于人”，就是一条很好的界线。如果大家接受这条“界线”，社会一定和谐；如果政府接受这条“界线”，政府一定进步。在这里，可以看到孔子思想中的现代性的一面。

孔子思想中的优秀成分及孔子自身成长的励志经历是我们民族乃至世界独一无二的瑰宝。选择把孔子的思想和教学方法用于亲子教育，来促进幼儿、青少年性格的养成，将是民族之幸事。

——赵先德

第十二期

对话赵先德：亲子乐学堂，“孔子”来帮忙

亲子教育近年来越来越受到中国家庭的重视，但是亲子教育在中国的发展仍处于起步阶段，很多从欧、美、日、韩移植过来的所谓先进教育理念或方式、方法是否合适中国孩子，仍在探索和实践中。本期对话嘉宾赵先德先生是动漫行业的代表性人物，他对国产动漫发展和国学文化推广事业有自己的独到见解，并创立了“孔子乐学堂”亲子教育连锁机构。本期访谈将围绕亲子教育展开。

■嘉宾　王大千

赵先德　崇德动漫董事长、动画片《孔子》总导演

□主持　常强

□动画片《孔子》经中央台及60余家地方台播出后，在社会上产生了很大的影响，继在法国戛纳动画影展获亚洲最佳动画片第一名后，由《孔子》动画片改编的两套共14本教材被国家汉办列入全世界孔子学院的指定读物。赵总可否将当初的动机及您的近期思路跟我们的读者讲讲？

■赵先德：《孔子》动画片能有这些成就，是与中国孔子基金会的合作与支持密不可分的，特别是业务上的指导，让我们更深切地了解了孔子的思想，只有深刻地了解，才能在作品中艺术地表现。

在传播儒学文化的过程中，我们惊喜地发现，中国与世界对孔子思想的认识及了解越来越深入。孔子学院总部2014年4月份为列入教材事宜，在全世界孔子学院大会上做了2000份问卷调查，85％的被调查者认为通过《孔子》这样一个人物传记式的动画片来学习中国文化，更能提高学习者的兴趣。目前全世界有4000万人在学习汉语，学习中国文化。我认为，学习中国文化，必须要知道孔子，要了解孔子所代表的中国儒家思想。我们非常高兴能够为世界人民了解孔子思想和儒家文化作一点有益的贡献。

回到国内，中国的家庭在经历了“文革”以后的迷茫与改革开放后的多元文化比较后，越来越多的人开始乐于思考中国传统文化，思考孔子的人生哲学。为了让更多的人特别是孩子们了解孔子的思想，我们在全世界孔子学院指定教材的基础上，根据0～6岁幼儿的接受心理及中国家庭的教育背景，创立了一套完整的以儒学为指导思想的亲子教育教材。这套教材旨在于亲子教育中协助家长实现孩子优良性格的养成。现已在第一家社区店实施教学，家长反映效果非常好。

□王秘书长对赵总是非常了解的。请谈一谈您对《孔子》这部动画片的看法。

■王大千：中国孔子基金会始终关注动画片《孔子》的创作与传播，我们也

为赵总取得这样的成绩而感到高兴。这部动画片从创作到播出前后用时五年，之所以想到用动画的形式来宣传孔子，是因为主创团队觉得这是向现在的青少年普及儒家思想精髓的最合适的手段。我们想让孔子立起来、活起来、生动起来，让他活在当下，就必须从市场的角度入手，动画片《孔子》正是这样的一种尝试。这部动画片的播出，也是让传统文化生活化、社会化、现代化和国际化的一种重要表现。

□有一句话叫“三岁看大，七岁看老”，意思是说：当看到 3 岁儿童的言谈举止时，就能想到他长大后是什么样子；当看到 7 岁儿童的行为时，就知道他老了是什么样子。这也说明人在早期的经历会对其一生产生影响。请问二位对这句话有怎样的理解？

■赵先德：大家可能没有去认真地领会这句话里面深刻的含义。现代教育学已经证实，孩子从一出生到 6 岁这个阶段是一生中性格养成的最重要的阶段。因为性格养成在这个阶段是上升的，且形成后是相对恒定的，而知识的积累在这个阶段特别是 3 岁之前，记忆是下降的，后天学习并不迟。所以，古人非常聪明地讲了“三岁看大，七岁看老”。实际上主要还是从性格养成方面来下的这个结论，没有唯心论的成分。“性格决定命运”，当西方的卡耐基这么说的时候，中国人已经找出了解决性格问题的根源，只是我们目前的社会没有重视，没有重视用什么样的思想促进孩子的性格养成或改变孩子的性格。

今天，当我们遇到“药家鑫事件”的时候，我们要清醒地认识到，这并不是极端的个案，在某种程度上有一定的代表性。最近中央台报道留日学生刺母的案例也是一种性格缺陷所致。一般说来，传统意义上，孩子 0～6 岁这个阶段的性格养成主要靠父母及家庭。但试想一下，现在年轻的家长或忙于工作，或自身价值观就不是特别适合孩子优良性格的养成，社会再忽略了这个领域，其后果可能是严重的。目前中国 0～6 岁的婴幼儿总数高达 1.71 亿，每年新增 2200 多万。科学的早期教育，关系到这些孩子的健康成长，关系到几代中国人，关系到中华民族的未来，应当引起全社会的关注。

■王大千：据美国一项最新研究显示，人的性格在童年时期的早期就能形成，从六七岁的孩子身上，是可以预测出他成年后的一些行为的。接受了这个结论，在亲子教育上，我们就会更有针对性和目的性了。孔子教育我们要“因材施教”，就是对待不同的人才，要以不同的方式来教育他。通过对儿童的特征观察，我们也可以尽早发现他们的长处与短处，从而实现扬长避短。我们也应当承认后天教育对儿童的积极作用,毕竟他们年龄小,可塑性强。

□在赵总看来,目前国内的早期教育存在什么问题呢?

■赵先德:我们认为,目前国内早教领域存在两方面的突出问题,这两个问题不澄清、不解决,将会耽误整整一代中国人。

第一个问题是媒体和家长过度追捧西方式的早教理念,片面强调"个性""自由"等西方价值观,排斥纪律、刻苦、坚毅等性格要素的培养,极易把孩子培养成为自我意识过度膨胀的"小皇帝"。

第二个问题是早教小学化。早期教育变成了片面灌输知识技能、急功近利、让儿童身心疲惫的训练。一些机构利用社会、家长的认识误区,打着培养"小神童""小天才"的旗号吸引眼球。这种拔苗助长的早教方式忽视了儿童的天性,误导了儿童发展。

近年来,在大中城市,各种"婴幼儿早教机构""儿童潜能开发中心"遍地开花。一套早教课程下来,学费需要上万元甚至几万元,比上大学还贵。但事实上,绝大多数早教机构并没有经教育部门审批合格的办学资质,更没有成体系的科学教学理念,只是简单生硬地照搬一些国外的早教课程。

□王秘书长认为传统文化对我国儿童的早期教育会起到怎样的作用?

■王大千:《汉书·贾谊传》里说:"少成若天性,习惯成自然。"可见,少年儿童在早期养成好的学习习惯、生活习惯是非常重要的。我们的传统文化中,有大量的关于儿童教育的经典论述。对少年儿童进行国学教育,对他们养成良好的习惯必然有好处。赵总创办了"孔子乐学堂",让孩子们在一种轻松、快乐的环境中学习并实践传统文化,对孩子的成长怎么能不产生作用呢?通过传统文化的植入,对儿童进行早期教育,塑造儿童性格,这一点大家没有疑义了,但不容忽视的是我们用什么方式让孩子们接受。只有让他们"学乐",感受到学习的乐趣,他们才会"乐学"。

□有了您的鼓励,相信赵总对"孔子乐学堂"的经营将更加有信心。

■王大千:我们本来就应该坚持以我们自己的本土文化来教育我们的后代。我们也注意到,目前很多人也在反思西方式早教的弊端。比如美国早教专家认为,美国现行的"放任的、物质主义的"教育理念存在严重缺陷。英国的教育专家表示，在英美早期教育体系中，确实存在对孩子过度“放任”的情况，这些孩子往往被教育成自以为是的“调皮蛋”。由此观之，用儒家文化为指导思想做亲子教育是非常明智的选择，关键还是如何把相对深奥的理论用于教育过程。

■赵先德：非常对。我们有信心在这个领域拓展，就是因为我们觉得我们找到了解决问题的办法。举个简单的例子。“见贤思齐焉，见不贤而内自省也。”(《论语·里仁》)挺简单的一句话，3 岁的孩子就能跟着读并能记住。但理解它很困难。我们是组织幼童通过一个去电影院看电影的游戏，来对孩子进行熏陶与引导的。这个过程中有排队买票，有对号入座。皮休扮演的小调皮插队的情景出现并被纠正后，对号入座时就没有抢座位的问题了。一节课下来，2～3 岁幼童学习了认数字，画了红绿灯，似乎是一节美术与数学课，但主题却落在了一个“见贤思齐”上。我们整个的教学过程，以“君子乐学”“君子好礼”“君子怀德”为三个不同的单元，每节课都是用这种体验式教学来培养孩子的自信及表达能力，又润物无声地将性格培养的塑造融入其中。我们强调“乐学堂”的每个细节都是生活的模拟与复制，是孩子接受熏陶养成性格的最佳环境。

总之，儿童性格的养成，靠的是结合儿童的接受习惯，引导他们通过参与及体验来完成。“人生百年，立于幼学”，幼儿教育远比其他阶段的教育更为深奥、微妙和复杂。文艺复兴时期法国人文主义学者蒙田认为，人类学问中最困难而又最重要的一门就是儿童的教育。这是很有道理的。儒学当中的仁爱思想、他人意识、责任意识非常具有普世价值。孩子没体验到分享的快乐的时候是难以养成宽厚的性格的。

从这个意义上说，我们今天的中国人，如果不顾及中国的文化背景而盲目求洋，不但不能达到孩子的性格养成这个目的，反而可能会贻误一代新人。孔子思想中的优秀成分及孔子自身成长的励志经历是我们民族乃至世界独一无二的瑰宝。选择把孔子的思想和教学方法用于亲子教育，来促进幼儿、青少年性格的养成，将是民族之幸事。

■王大千：现在我们一定要抛弃对孔子的误解，恢复孔子的真实形象。其实孔子是一个非常鲜活的人，坚韧而不乏幽默，博学而又充满智慧。他的性格就是中华民族性格的写照，所以他的生命力、他的学说的生命力是顽强的。我们一定要让我们的后代知道，孔子文化是能给人带去快乐的智慧，是能够让我们在困境中自我调节，从而获得内心充盈的文化。

今日市场经济中，人们在市场上争利，是君子还是小人？争正当的利，就是君子；争不正当的利，就是小人。

——鲍鹏山

第十三期

对话鲍鹏山：儒家文化助圆“小康”梦

鲍鹏山先生是央视《百家讲坛》的知名主讲人、中国孔子基金会学术委员，几十年来在文化研究和普及传播上乐此不疲，造诣匪浅。作为鲍鹏山先生的老朋友，大千先生一直关注着他的所思所想。本期沙龙，我们邀请二位以“小康社会”为主题，畅谈他们所理解的儒家文化对当代中国政治和社会的影响。

■嘉宾　王大千

鲍鹏山　央视《百家讲坛》知名主讲人、上海电视大学教授

□主持　常强

□习近平总书记提出了“四个全面”的战略规划,全面建成小康社会是战略目标。我们知道,“小康”一词来自中国传统经典《诗经》,那么古今“小康”是否目标一致呢?

■王大千:按照党中央的部署,我们要在21世纪的头20年,集中力量建设惠及十几亿人口的更高水平的小康社会。“小康”一词来自《诗经·大雅·民劳》。“民亦劳止,汔可小康。惠此中国,以绥四方。”这里的“小康”,应该是休养生息的意思。

今天我们要建设的小康社会,包括政治、经济、社会、生态、文化等各个方面,并且还特别强调全民族思想道德素质的提升。这说明,小康社会虽然不是一个君子之国,但必须是一个有道德的社会,是一个明礼的社会,是一个君子越来越多的社会。我们先人对小康社会的规定,与今人差别不大,主要限于社会经济的发展。也有许多文学家,从道德的维度去憧憬小康。杜甫在《壮游》中就说:“圣哲体仁恕,宇县复小康。”

■鲍鹏山:我们现在讲的“小康社会”,实际上有两个来源:一个就是传统文化。刚才大千先生讲了这个词最早来源于《诗经》,而把它作为某种社会的概括,则出现在《礼记·礼运》篇中,与“大同社会”相对应:“今大道既隐,天下为家。各亲其亲,各子其子,货力为己。大人世及以为礼,城郭沟池以为固。礼义以为纪,以正君臣,以笃父子,以睦兄弟,以和夫妇,以设制度,以立田里,以贤勇知,以功为己。故谋用是作,而兵由此起。禹、汤、文、武、成王、周公,由此其选也。此六君子者,未有不谨于礼者也。以著其义,以考其信,著有过,刑仁讲让,示民有常。如有不由此者,在埶者去,众以为殃。是谓小康。”

一个是我们党借用这个概念来说明改革开放的前期目标。1979年12月6日,邓小平在会见日本首相大平正芳时,根据我国经济发展的实际情况,提出了“小康”概念以及在20世纪末我国达到“小康社会”的构想。党的十二大

正式引用了这一概念，并把它作为20世纪末的战略目标。在小康社会人民的生活达到“小康水平”，是指在温饱的基础上，人民的生活质量进一步提高，达到丰衣足食。

这两者之间当然有着继承的关系，用传统文化来描述政府的目标，更容易得到广大人民的认同。古今“小康”的相同点是显而易见的。比如古今都认为，小康社会不是最高的理想，而是初级的或有不足的目标，是达到“大同社会”或共产主义社会的一个台阶。但是，不同点也很明显。《礼记》中描述的“小康”侧重于社会秩序和道德文化建设，今天的“小康”侧重于讲人民的丰衣足食。这种变化反映了党在制定执政目标的时候，充分考虑了国家近代以来积贫积弱以及人民迫切需要提高物质生活水平的现实。

□儒家思想对小康社会的追求有什么积极影响呢？

■王大千：儒家思想既是立足于当世的修身之道，也是一种政治与伦理道德合二为一的为政之道。儒家思想在今天仍然具有价值，这不容置疑；儒家极力倡导的道德规范，在今天依然有必要。我可以举个例子。在全面建设小康社会的道路上，我们面临很多困难和压力，比如“非典”、大地震等突如其来的灾难。儒家思想作为战胜一切困难的有力武器，在凝聚力量、规范行为上自然会发挥必要的作用。儒家思想遵循“大数定律”，具有普遍性，它能使中国人产生强烈的文化认同意识，进而形成强大的集体凝聚力，从而凝聚人心、团结人心、统一人心。

■鲍鹏山：正如大千先生所说，儒家是特别重视道德建设的学派或政治流派。如上所引的《礼记》中对小康社会的描述，也是侧重于社会的道德秩序或道德对社会秩序整合、维持的重要性。孔子曾经明确地说，“不患寡而患不均，不患贫而患不安”(《论语·季氏》)。在财富的积累和公平分配上，他认为公平分配更为重要。当然，孔子并不赞成大家过苦日子，他同时有着“先富后教”的主张。继承他的孟子，也是主张先“制民之产”，然后再进行道德教化。当然，必须指出的是，这种“先后”，不是时间上的先后，而是逻辑上的先后。如果我们将其简单理解为时间上的先后，就会出现在“先富”阶段不择手段、忽视文化、抛弃道德，最终导致文明倒退的情况。这种情况事实上现在已经出现了，我们要深以为戒。

□其实，儒家还有自强不息精神、艰苦奋斗精神，这些精神在革命战争年

代被中国共产党全面发扬光大，在新时期，依旧熠熠生辉。

■王大千：翻开中国历史的长卷，我们就会发现，其中蕴藏着一条内在的规律，这就是习近平总书记最近一直强调的："空谈误国，实干兴邦。"中国古代的政权衰亡，无不是在灯红酒绿、歌舞升平中出现的。"忧劳可以兴国，逸豫可以亡身。"（宋欧阳修《新五代史・伶官传序》）艰苦奋斗，励精图治，国家才能长治久安；反之，贪图安逸享乐，骄傲自满，国家必然走向灭亡。

中国传统文化注重知行合一，注重理论联系实际。朱熹《语类》曾说："论轻重，行为重。"在以儒家思想为核心的中国传统文化的影响下，中国人历来讲求实用，轻视浮华空谈，展现出了求真务实的人文精神。

■鲍鹏山："天行健，君子以自强不息"（《周易・乾卦》），"苟日新，日日新，又日新"（《礼记・大学》）等，是中国传统文化经典中的教诲，由此也形成了中华民族的可贵的精神。事实上，改革开放三十多年来的实践，正体现了这一点。首先，面临困境，穷则思变，党领导人民实行改革开放，就是这种自强不息精神的体现。其次，在这个过程中，中国人民所呈现出来的整体上的艰苦奋斗、努力拼搏的精神，是我们取得"中国奇迹"的根本保证。比如，中国实现制造业的崛起并以此引领全面的进步，就是依靠无数能吃苦、任劳任怨、同时学习能力极强的工人。在他们身上保留的这种吃苦耐劳、好学勤奋的精神，就是我们民族几千年来的文化精神。所以，我们说，文化是一个民族最后的力量、最强韧的力量、最伟大的不可摧毁的力量——除非我们摧毁了这个文化。

□今天，我们在全面建设小康社会的征程上，面临着许多困难和坎坷，还有一些不可抗拒的灾祸相伴生。面对困难与灾祸，一方面需要以政府为主导的救助体系，另一方面也需要广大成功人士的救助帮扶。中国传统文化特别是儒家文化对中国慈善事业的发展，将起到怎样的作用？

■王大千：中国慈善事业的发展，离不开中国传统文化的智慧。儒家所倡导的"人性本善""仁爱""仁民爱物"等理念，都深刻揭示了人的慈善行为的先天基础，阐明了扶危救困、守望相助的自然条件。这会为慈善事业的迅速发展增添信心。在古代，儒家的慈爱观念就通过《三字经》等形式，对中国人的身心修为产生了广泛的影响。可以说，古代慈善事业的生发和今天慈善事业的完善与发展，与儒家所倡导的"性善"文化的浸润关系密切。

我记得孟子曾说："人皆有所不忍，达之于其所忍，仁也。"（《孟子・尽心下》）

他还强调“恻隐之心”，都是强调要对别人的痛苦、危难保持同情。这是一种发自内心深处的真实情感，摒弃了个人的任何私心杂念。大量事实表明，人的同情悲悯之心借助于心灵交感，而成为人乐善好施的情感基础。我们很难想象，一个良知麻痹的人，会成为慈善事业的热心人。

■鲍鹏山：儒家讲“仁者爱人”（《孟子·离娄下》），讲“老吾老以及人之老，幼吾幼以及人之幼”（《孟子·梁惠王上》），讲“人不独亲其亲，不独子其子。使老有所终，壮有所用，幼有所长，鳏寡孤独废疾者，皆有所养”（《礼记·礼运》），这里面就包含着或直接提倡着慈善事业。它们不仅是中国慈善思想、慈善文化的根基，而且还是慈善理念的经典表达。

□王秘书长一直强调孝文化在当代中国的重要性。在您的支持下，中国孝心网得以成立。您在许多场合中，都向周围的朋友和同事强调孝心的重要与必要。那么在两位看来，孝道与国家治理会发生怎样的关联？

■王大千：孝本来是处理亲子关系的家族伦理规范，它是如何成为一种统治手段的呢？我感觉应该有以下原因：首先，百姓对孝道的践行有利于维护传统的宗法关系，进而有利于维护社会的和谐稳定，这是统治者喜欢看到的；其次，中国社会一直都是“家国同构”、父权君权一体，因此可以“忠孝混一”“移孝作忠”；最后，统治者以孝为政，可以起到正人正己的功效。自汉朝以后，统治者无不宣称“以孝治天下”，朝廷选拔人才的方式之一，就是“举孝廉”。所以说，古代中国是仁治、礼治、孝治、法治的结合。

■鲍鹏山：《论语·学而》记载孔子的学生有子的话说：“其为人也孝弟，而好犯上者，鲜矣。不好犯上而好作乱者，未之有也。君子务本，本立而道生。孝弟也者，其为仁之本与？”《论语》中还记载了好几条别人向孔子“问孝”的内容，可见孝道在儒家思想中的重要地位。

前面大千先生讲了“家国同构”，确实如此，孝直接延伸到忠。古话常常说“求忠臣必于孝子之门”。一般人，只要想到孝，必然想到忠。孝心萌动之时，忠心也就占了上风。忠孝可以让人变成良民——我说的“良民”，不是封建时代或殖民时代的服从暴政的“良民”，而是指遵纪守法、践行正义、约束自己、奉献社会等具有现代公民素质的人民。这样的人民，是国家最为宝贵的财富，也是国家强大的最终保证和体现。但这样的人民不是天生的，也不是一蹴而就的，它需要养成，其养分就是一个民族的传统文化。

今天，我们仍然需要孝，因为父子关系是永恒存在的，而“忠”则逻辑性地转变为对国家的责任感与爱国情操。爱父母，爱国家，是可以从儒家的“忠孝文化”中获得文化资源的。

□“义”是儒家思想的核心观念之一。梁山好汉以“义”为纽带，走上了除暴安良、替天行道的道路。鲍老师可否与我们分享一下，您在研读《水浒传》的过程中，对“义”的理解与感悟？

■鲍鹏山：《水浒传》中的“义”与儒家的“义”有着很大的区别。儒家的“义”，是“人之正道”，是“宜”，是“应该”，也是社会的公平正义，是“应该的社会”和“应该的人”或人的“应该的行为”。所以，儒家的“义”，是“正义”。而《水浒传》中的“义”是江湖义气，是“侠义”。这种江湖义气，往往很狭隘、很极端、很危险。我们看《水浒传》中的“好汉”们，很多不是好汉，倒是社会里的危险人物。他们做了一些该做的，却也做了一些不该做的，比如开黑店、做私商、谋财害命、滥杀无辜、草菅人命等。但是，“江湖之义”却对此不能辨别甚至一样予以肯定，这就说明，这样的“江湖之义”是有重大缺陷的。

为什么这些人的那些不符合道义的事却能获得认可甚至喝彩呢？这是因为，当时的社会、官府不能保障人民的基本权利，不能为人民提供基本的安全感，不能让人民免于匮乏，于是，人民就自然寄希望于江湖侠义豪杰，希望他们来主持正义，锄强扶弱，救济残生。从这个意义上说，《水浒传》对我们是一个告诫：当社会失去公平正义的时候，或者政府不能行使匡扶正义的义务的时候，就有可能催生出《水浒传》式的所谓“好汉”；当“正义”不行的时候，就有可能出现血腥的“侠义”。一个文明的、和谐的、幸福的社会，是“正义”的社会，而不是“侠义”的社会。

□“义利之辩”在中国传统文化中长期存在。在两位看来，今人当如何平衡二者的关系？

■王大千：儒家极其推崇“义”的作用和价值。诚然，从主导倾向上看，儒家主张重义轻利，如：孔子说“君子喻于义，小人喻于利”（《论语·里仁》），“君子义以为上”（《论语·阳货》）；孟子认为当生和义不能兼得的时候，要“舍生取义”。另外，儒家还有见利思义、先义后利等思想观念。但“仓廪实而知礼节，衣食足而知荣辱”（《史记·管晏列传》），物质利益毕竟是道德的基础，儒家伦理并非完全不讲功利，它反对的乃是不义之利、一己私利。

■鲍鹏山：今日市场经济中，人们在市场上争利，是君子还是小人？争正当的利，就是君子；争不正当的利，就是小人。用正当的手段争，就是君子；用不正当的手段争，就是小人。正当的利为“义”，不正当的利为“不义”。所以，君子争是非，并不是说君子不争利，利与“义”不是同一逻辑层面的东西，不是非此即彼的矛盾关系，而是互相包含的关系，利中包含着“义”与“不义”，因为有合乎“义”的利，也有不合乎“义”的利。比如：国家人民之利就为“义”，贪官污吏奸商之利就为“不义”；个人合法之利就为“义”，不合法之利就为“不义”。

维护个人的合法权利，在儒家看来，就是君子维护正义，而不是所谓小人争利。有人说，儒家文化不适应现代市场经济，不适应竞争的年代，这是误解。儒家不反对竞争，恰恰相反，儒家是非常具有竞争性的学派，只不过它特别注意竞争手段的合乎道德，讲究规则。儒家特别着力为竞争制定规则——它反对无规则的争。儒家特别强调程序正义，所谓“正其义不谋其利，明其道不计其功”，这种精神非常现代，也非常重要。

可以用“五福”的内涵作为制定“国民幸福指数”指标的参考，这不仅有助于提升国民的幸福感，而且有利于政策的制定和实施。

——董金裕

第十四期

对话董金裕：每个人心中都有个“孔子”

在每年曲阜举办的祭孔大典上，都有宣读祭文这一重要项目。祭文每年都会邀请顶尖学者撰写。2012 年获此殊荣者，便是台湾著名学者董金裕先生。本期文化沙龙，我们随着大千先生，一起感悟董金裕先生的心路历程。

■嘉宾　王大千

董金裕　国际儒联副理事长、台湾政治大学名誉教授

□主持　常强

□董先生研习中国传统文化几十年，成果颇丰，2012 年祭孔大典上的祭文便出自您手，这可不可以看作您近年来最重要的一项成果？

■董金裕：可以这么说。当接到撰写祭文的通知时，我感到前所未有的高兴和紧张——既为得到颂扬孔子的绝好机会而高兴，也为能否堪当这个大任而紧张。我学习和研究儒家思想近四十年，用了一个月的时间写出了祭文，其间还修改过 20 多次。这短短的 300 多字，远没有完全表达出我对儒学的理解和对孔子的崇敬。

■王大千：这篇祭文我也认真拜读过，是一篇非常全面、十分凝练的力作。这篇文章其实不是您一个月的成果，而是您四十年的学术积淀的一种集中呈现。之前出于工作的原因，我对董先生有过一些了解，而通过这篇祭文，我对董先生的印象更加深刻了，也更加关注董先生的学术和思想的动态。

■董金裕：谢谢！真没想到那次会被邀请撰写祭文，当时感到很意外，同时，我也觉得非常荣幸。为了写好它，我专门搜集了以前的祭文，好好研究了一遍，在学习前辈祭文的同时，也力求体现出自己的风格特色。

□请您简单介绍一下这篇祭文的主要内容。

■董金裕：整篇祭文分为五个小节：第一节主要写“天人之道”，以儒家人文思想的阐述为主；第二节写孔子如何传承往圣先贤智慧，并整理文化遗产；第三节主要讲述了孔子在思想和教育方面的成就；第四节则是讲“启后”，也就是儒家思想给后世带来的影响；最后一节着重表达了对孔子及儒家思想的恭敬之情。祭文每小节都押韵，读起来朗朗上口。

□在今天，以中国传统文化研习为业的学人，除了学术研究外，还有一项很重要的工作，那便是传统文化的弘扬与传播。

■王大千：学术研究工作从来都值得我们敬佩。王国维先生提出治学有三种境界：一是"昨夜西风凋碧树，独上高楼，望断天涯路"；二是"衣带渐宽终不悔，为伊消得人憔悴"；三是"众里寻他千百度，蓦然回首，那人却在灯火阑珊处"。学者治学的大部分时间，其实都花费在了前两种境界上，独守孤独寂寞的冷板凳，是他们工作和生活的常态。

但是，文化的魅力和生命力，更在于落地和应用。因此，我一直号召广大儒学学者更多地关注当下人的生活，紧跟时代脉搏，把学术成果转化为百姓的日常之需，为生活服务，为文化生活的繁荣与进步服务。学术走出书斋，会发现另一片美丽的天空。所以我们中国孔子基金会一直坚持学术研究与落地应用并重的工作方向，并有意识地将文化转变为文化产业，从而形成文化与经济发展、社会进步的良性互动，推动社会的和谐和文化的繁荣。

□许多学者都呼吁，应当更加重视对国学经典的传扬力度，就是因为传承经典能够实现经世致用的目的。

■王大千：季羡林老先生在世的时候，我就请他题写了"传承经典，经世致用"。季老作为学界泰斗，始终重视国学经典的价值。国学经典凝聚着我们祖先的智慧，阅读经典，可以开阔我们的视界，启发我们的思路，加深我们对历史和当下的理解和认识，对我们思考问题、解决问题都有极大的好处。

■董金裕：经典是前人智慧的结晶。孟子讲"人之异于禽兽者几希"（《孟子·离娄下》），人跟禽兽差别并不多。禽兽要吃，我们也要吃；禽兽要保暖，我们也要保暖。但是，有些东西不一样，因为我们可以承继前人的经验，同样的错误不必要再重复，知道那是错误，一般的禽兽是不太可能做到的。所以，我们应该去承继前人的智慧。但是，前人有前人的时代，前人有前人的环境、跟我们今天这个时代、跟我们这个环境未必吻合，所以有时候我们有些东西可以继承，有些东西知道了就好，不必要照做，要不然就是泥古、食古不化。

还有一点就是，我们可以翻陈出新。我们有个成语叫"推陈出新"，我觉得不大好。不是说一定要把旧的东西抛弃掉、推除掉，经典是要从旧的当中翻转出合乎现代的意义。希望在承先之后能够融会贯通，进而启后，在我们的本分上好好去努力，如果能够做到这一点，我想我们每个人也都可以成为圣人了。

■王大千:所以我们说,每个中国人的心中,都“住”着一个孔子。每个人都有成为圣人的可能。孔子精神与我们中国人是紧密联系在一起的,对孔子的态度,正是中国人之所以为中国人的评判标准。

■董金裕:有这么一个故事:王阳明的四传弟子叫罗汝芳,他曾经给学生讲课,讲《孟子》里面人皆可以成为尧舜的道理。一次,在上课的时候,有一个端茶童子,恭恭敬敬地把茶杯放在讲桌上,又恭恭敬敬地退出去。有个学生就问了,老师说人皆可以成为尧舜,那么这个端茶童子能不能成为尧舜呢?你猜这个罗汝芳怎么回答?他说他就是圣人。他说,端茶童子的本分工作是端茶。这个端茶童子从泡茶的地方到这个地方,端着茶跨过好几个门槛,把这个茶端端正正放下。他把他的本分工作做得很好,孔子来端茶也不过如此。罗汝芳的解释很好,其实什么叫作“圣”,用我们今天的观点来讲,就是尽你的本分,这是人人可以做得到的。

□据我了解,董先生也很重视儒家思想的落地,您还曾编写过相关教材吧?

■董金裕:其实我在写那篇祭文时,就把落脚点落在了孔子思想的现实意义上。正如您所说,除了儒学研究,我还致力于儒家文化的教育推广工作。二十年前,我编写了台湾高中生必学的《国文》《中华文化基本教材》等。在台湾,儒学教育贯穿于小学、中学、大学的各个阶段。比如,在小学的教材中,把孟母三迁、孔融让梨等典故收入其中,这些典故反映了儒学的“仁爱”思想。在中学和高中的教材中,囊括了儒学中的精华,其中《中华文化基本教材》是必修课,里面包括《论语》《孟子》《中庸》等内容,学生是必须要学习的。

这种教育方式从1949年就开始了,它对当地民众有很深的影响,而且这种影响是潜移默化的。我记得上小学时,老师每天检查同学们的指甲有没有剪整齐,耳朵有没有洗干净,衣服有没有褶皱,但现在的老师不会再检查了,因为大家已经习惯了干净和自检。儒学通过这种方式影响着一代代人。

□儒家思想的确应当渗透到每个人的血液中,体现在日常生活的点滴小事上。

■董金裕:在台湾,市民们在公交车上会主动让座;一位靠卖菜为生的农妇曾捐出近千万台币的善款；居民乘坐电梯时会自觉地靠右站……这些日常生活中的行为，都是儒家思想潜移默化的具体体现，而儒家思想对时代和民族的影响也是潜移默化的，它使我们在不知不觉中形成公共行为规范和社会道德准则。

■王大千：儒家普世的思想核心是“仁爱”。“仁”是德性的实践和行动，也是道德价值的根本。

■董金裕：过去人们习惯以经济、政治、武力解决人与自然、人与社会等冲突，其实，应该还有文化和道德的解决方式。儒家思想中蕴含着中国乃至东方传统文化的自觉、自主、自律的性格，这是建设现代社会价值体系的丰富资源，将会指导或推动现代社会的发展。一切的政治、经济都离不开儒家文化。现在我们经常讲的“和谐”这个理念，就是从儒家思想中提炼出来的。因而，现实社会的发展离不开儒家文化。

■王大千：董先生具有宏阔的学术背景，记得之前您还曾将“国民幸福指数”与传统经典《尚书·洪范》中的“五福”概念联系在一起。按照经典上的说法，五福“一曰寿，二曰富，三曰康宁，四曰攸好德，五曰考终命”。翻译成现代汉语，意思就是长寿、富贵、健康安宁、遵行美德和高寿善终。

■董金裕：谢谢您的关注。我的确分析过“国民幸福指数”与《尚书·洪范》中“五福”概念之间的相通之处。我认为，可以用“五福”的内涵作为制定“国民幸福指数”指标的参考，这不仅有助于提升国民的幸福感，而且有利于政策的制定和实施。

□我们的这期“大千文化沙龙”从祭孔开始谈起，那么也从祭孔结束吧。最后请二位谈一谈对孔庙祭孔的看法。

■董金裕：我也曾参与台湾祭孔活动的策划活动。古代的祭孔分为“秋祭”和“春祭”。台湾的“秋祭”主要遵循“古礼”，即在礼仪、服装、音乐、舞蹈等方面遵照明代祭孔的规程，并根据时代特点压缩仪式的时间，接纳女性参加祭孔；“春祭”则融进了更多的时代特点，采用年轻人比较能够接受的方式，其主要作用还是吸引年轻人走近孔子、接触儒学。

■王大千：孔庙一般为家庙，文庙一般为古代地方的教化场所。文庙遍布于中国、韩国、越南、日本等儒家文化圈，中国古代从国家到各级地方政府也都设有文庙。文庙有重要的三重社会公用：崇德、报本、教化。政府通过文庙教育臣民学习儒家思想，推崇德义，砥砺伦常，加强道德修养。这类文化设施对于一种文化精神的传播起着非常重要的作用，在今天的社会应该引起足够的重视和保护。

仪式是一种形式，但没有这种形式，便无法承载实质性的东西。通过仪式，给人一种敬畏恭敬的态度，有利于人们对孔子、对儒家思想虔敬之心的培养和树立。另外，祭孔大典也可以作为非物质文化遗产加以保护，我们应当有这种意识。

马树峰 图

法律界的确需要孔子思想的指导，其他行业同样也需要孔子思想。

——高秉涵

第十五期

对话高秉涵：故乡是游子的情感寄托

“海峡浅浅，明月弯弯。一封家书，一张船票，一生的想念。相隔倍觉离乱苦，近乡更知故土甜。少小离家，如今你回来了，双手颤抖，你捧着的不是老兵的遗骨，一坛又一坛，都是满满的乡愁。”这是“感动中国”2012 年度人物颁奖仪式上送给高秉涵的颁奖词。让我们跟随大千先生，一起感悟高先生的九死一生和感人事迹吧！

■嘉宾 王大千

高秉涵 “感动中国”2012年度人物、台湾“中华孔子圣道会会长”

□主持 常强

□高秉涵先生与王秘书长结缘,恐怕要源于孔子的“牵线搭桥”吧——大千先生是中国孔子基金会的负责人,高先生是台湾“中华孔子圣道会”会长。下面请高先生简单介绍一下“中华孔子圣道会”的情况。

■高秉涵:“孔子圣道会”是台湾的一个民间文化学术团体,最早由毛松年和史延程二位先生于抗战胜利后在内地成立,我是第四任会长。学会大部分会员都是法官、律师等法界人士,成立的初衷就是以儒家思想净化法官心灵,提正执法精神。我们相信,通过儒家思想的教育和激励,法官、律师会为民众服务,为穷苦者发声。当然,儒学的意义远不止于此,它是华夏子孙之间斩不断的文化和精神脐带,是一座横架在海峡两岸的无形的桥梁,弘扬儒家思想就是密切华夏人的血脉联系。

■王大千:我也有必要向高先生简单介绍一下中国孔子基金会的情况。孔子基金会成立于1984年,是由文化部、民政部批准成立的全国性学术社团组织,其宗旨是团结与组织学术界对孔子、儒家和中国传统文化思想进行传播和研究,整合社会资源,发扬、光大孔子文化,目前是传播中国传统文化的最权威的机构之一。和许多社团一样,基金会还有事业单位的色彩,目前是一个厅局级单位。

其实,正如您所说,法律界的确需要孔子思想的指导,其他行业同样也需要孔子思想,“仁、义、礼、智、信”是我们每个人都应当终生践行的道德标准和行为准则。现在两岸交流越来越频繁,希望在双方的共同推动下,促进儒家思想在华夏子孙中的传播与弘扬。

□当然,高先生广为人知,是因为您是2012年“感动中国”十大人物之一。几十年来,您如候鸟一般往返两岸之间,克服了千难万苦,把在台湾菏泽老乡的骨灰一次又一次地送回了老家。当初您为什么要这么做?

■高秉涵：我到台湾的时候只有13岁，那些比我年长的哥哥姐姐曾经在感情和灵魂上给了我很多慰藉，那种给予是无形的却又非常珍贵，他们是我在台湾的亲人。我长期服务于菏泽旅台同乡会。菏泽旅台同乡会成立于1995年，既是一个联谊乡情、关怀照顾乡亲的民间社团，也是一个爱国家、爱民族、反“台独”、促统一的群体，我是它的创始人和现任会长。当年逃亡到台湾的菏泽老兵、老乡们大多没有文化，在台湾的生活很艰辛，许多人直到终老都是孑然一身。我是一位律师，大家都视我为亲人，有事就向我求助，而我则有求必应，自己的办公室便成了菏泽老乡活动的场所、团聚的“家”。

眼看着人已黄昏而归乡的日子遥遥无期，于是很多老兵、同乡就把“回家”的希望寄托在了年轻一些的我的身上，嘱咐我说：“老弟啊，我是没有希望回去了，你还年轻、有机会。如果我死了，你有朝一日能回家，一定要把我的骨灰带回去……”就这样，一个、两个……我肩负了很多深情的嘱托。1987年，台湾地区通过的《台湾地区民众赴大陆探亲办法》正式实施，禁锢两岸近四十年的铁幕就此被打破一角，但许多老兵直到离世那一刻也没能赶上这一天。为了自己曾经郑重的承诺，从那以后，我便往返于两岸之间，先后把54名老兵的骨灰从台湾送回老家，了却了他们回家的遗愿。

■王大千：高先生这么一番讲述，令我们很感动，也更加深了我们对余光中先生那首《乡愁》的理解和感悟。是那份对老乡的情谊和使命感，促使您不辞辛劳，圆了菏泽老乡们的回家梦。对于游子而言，不论他在外多么荣耀，多么成功，母亲的一声呼唤，就足以触动他们最敏感的神经，进而留下思念的泪水。孔子讲：“父母在，不远游，游必有方。”(《论语·里仁》)父母所在的家乡，永远都是游子最深深的牵挂，最揪心的痛。

■高秉涵：我在《天涯感悟》一书的开篇，写下了这样的话：“老家在哪里，哪里就是故乡，出生在哪里，哪里就是故乡。有人总盼着归乡，有人常急着离乡。归乡是去寻找自己的老家，离乡是为子女创造另一个故乡。我的故乡不是河北省房山县的周口店，也不是山西省洪洞县的老鸹窝。我在异乡漂泊中另起了新家园，而漂泊前的家，就是我的故乡。所以我的故乡在山东菏泽。”游子是树，故乡是土，泥土是落叶的归宿，故乡则是游子生命的源头、情感的皈依。

□高先生的壮举的确令人感动，您的这种精神也体现了海峡两岸血浓于

水的亲情，那一湾浅浅的海峡，根本无法割断两岸同胞的深情厚谊。

■王大千：高先生只身在外漂泊六十余年，如今虽已功成名就，但对桑梓的拳拳赤诚之心从未改变，捐资筑路、捐赠物款、设立奖学金、资助贫困生等不一而足，身体力行地表达着一个天涯游子对家的脉脉深情。我记得孔子曾教育子贡要"言必信，行必果"，高先生的作为正好印证了孔子的这句话。高先生谨守承诺与嘱托，以自己几十年的行动，默默地把一件件"小事"做成了一件件可歌可泣的"大事"。所以我说，他是孔子思想的实践者，是一位谦谦君子。

□高先生也是生在革命家庭吧？

■高秉涵：我的亲人，与国民党和共产党都有很深的渊源。1935 年，我出生于菏泽市牡丹区吕陵镇高孙庄村的书香门第和革命世家。曾外祖父宋道坦是光绪年间武举人，兼善中医，是曹州一带名绅。外祖父宋绍唐为清末最后一批公费留学生，在日本追随孙中山加入同盟会，参加反清革命，是资深的国民党元老派，后任东昌府知府，在教育界和实业界大力推动改革。

父亲是外祖父的得意门生，也是孙中山先生"三民主义"的坚定拥护者。母亲很早就踏入了新学堂，毕业于济南第一女子高等师范学堂，曾与父亲一起，在家乡创办新式小学并共同任教。然而，在这样一个有着深厚国民党革命传统的大家族里，姨妈和两位姐姐却瞒着家长，毅然由学堂走向红色延安，加入共产党并在各自的岗位上身居要职。

□您在少年时代又经历了什么？

■高秉涵：1947 年，父亲在战乱中去世了。在那样的情形下妈妈希望我能活命，就让我逃。那时候我还小，妈妈的话就是真理啊。于是，我就和同学一起投奔国民党设在南京的流亡学校。但是，随着国民党军队的败退，我就读的学校也解散了。后来，我便跟着国民党的一支军队，汇入了生死大逃亡的队伍。

当时我 13 岁，经历了九死一生的磨难，有许多次与死神擦肩而过，后来多亏命大，终于活了下来并到了台湾。在台湾，当时到处都是难民，谁帮得了谁呢？没有住的地方就露宿在火车站，没有吃的，我就去垃圾场找，最大的敌人就是狗，有时候就吃狗都不理的东西，就这样持续了两个多月。

后来好心人介绍我当上了火车站的小贩，再后来我又遇到了自己的恩师李学光，在她的鼓励和支持下，在既是同乡又是师生和世交的刘泽民夫妇一家人的资助和关怀下，我考上了夜校初中部。经过六年半工半读的艰苦岁月，我如愿地考取了台湾“国防”管理学院法律系，毕业后又考取了法官。十年法官生涯之后，我辞掉了职务，建立了自己的工作室，成为一名律师。

■王大千：人只有经历了人世沧桑之后，才能在回忆曾经的苦难时举重若轻。高先生的经历，便是一部活的教材，让后辈看到了前辈的艰辛和今日幸福的来之不易。孟子的“天将降大任于斯人也”，与您曾经的苦难正好吻合。您经历了种种磨难，才有了今天的淡定从容和无所畏惧。圆老乡一个回家梦，只有高先生这样有着丰富人生阅历的强者，才堪为其任。今天，我们聘请高先生为中国孔子基金会的特约顾问，希望您可以继续为儒家思想的弘扬与传播作贡献。我们向您鞠躬致敬，也祝您晚年快乐、幸福、安康！

雕塑艺术不应该仅仅停留在业内的创作、展示和交流上，而应转化为公共艺术，实现产业化。

——杜利华

第十六期

对话杜利华：雕塑是一种文化福利

杜利华，现为中国雕塑院发展部主任、山东省雕塑艺术家协会副主席，长期从事城市雕塑和公共艺术的研究工作，多次组织策划雕塑艺术展览、艺术研讨交流、城市雕塑规划、雕塑方案大赛、雕塑征集等活动。曾子曰：“君子以文会友，以友辅仁。”大千先生与杜利华先生是老朋友，本期沙龙，我们邀请这两位老友共同打造一期国学版的“老友记”。

■嘉宾　王大千
　　　　杜利华　著名雕塑家

□主持　常强

□山东省雕塑艺术家协会曾在济南园博园组织创作了大型组雕《论语》及山东百位名人雕塑展，这项活动受到媒体的广泛关注和社会各界的广泛好评。请问，贵协会当初为何选择这样的主题？

■杜利华：山东是孔孟之乡、礼仪之邦，孔子是万世敬仰的圣人，以《论语》为主题进行艺术创作，是我们探索弘扬山东特色地方文化的一项尝试。孔子的形象和思想可以用多种方式去传播、去体现，雕塑作为传统的艺术手法和形式，当然也可以这么做。

□这次活动，大千先生也曾出席，当时您的感受是什么？

■王大千："君子有九思""三人行，必有我师"等《论语》名言被一组组雕塑展示得淋漓尽致，令人仿佛身临其境，亲耳倾听孔子的谆谆教诲；凭窗而视、眼神倔强的梁漱溟，船头独坐、神色温婉的李清照……山东历史上的名人风采在雕塑家的手中纷纷再现。

艺术创作绝对不仅仅是一门技术或者一门工艺，它应当具有内涵和实质，能给人带来厚重感和深刻感。因此，雕塑艺术与文化传播结合便成了必要之举和必然之举。在创作中自觉地传承传统文化、表现传统文化是非常可贵和难得的，但是还要自觉地去传播普及，这就需要形成产业，走产业化的道路。

□在雕塑艺术产业化的道路上，您有着怎样的思考？

■王大千：文化的产业化是一个必然的趋势，文化只有走产业化的道路，才能更好地实现良性发展和传承，这其中也必然能带来丰厚的经济回报。毫无疑问，雕塑艺术家协会应创作更多反映时代主题、反映大众需求的艺术作品，只有紧扣时代主旋律，才能做出风格和特色。另外，要关注小众需求，满足人的个性化需求。比如，以往我们都注重为领袖制作雕像，其实，在市场经济和文化多元化时代，为普通百姓制作雕像也是一条可以发掘的道路。在父母生日或结婚纪念日等特殊日期，为他们量身定制一尊或两尊雕像，也是子女展现孝心的一种方式。

雕塑艺术家在实现艺术与文化结合的同时，本身也得到了一定的文化浸染与熏陶，时间一长，他们身上自然就也能散发出一种文化的气质和灵性。当杜主席在雕刻古代往圣先贤时，您肯定会与他们产生精神上的共鸣，这对您也是一种文化洗礼。

■杜利华：的确。当我在从事人物雕像的创作时，往往会查阅与人物相关的历史资料，了解他们的人生经历，这本身就是一种学习；创作时一边工作一边思考，这同样是一种学习，更是一种自我提升。您提出的个性化雕塑制作是可以操作的，一些企业家就曾为他们的父母定制过雕塑作品。如果操作得好，这个市场还是蛮大的。

□杜主席又如何看待雕塑艺术的产业化？

■杜利华：雕塑艺术不应该仅仅停留在业内的创作、展示和交流上，而应转化为公共艺术，实现产业化。每个有条件的地方政府都应拿出一部分城市空间，打造主题雕塑公园，让雕塑艺术从博物馆走向大众。

□雕塑艺术在城市建设中又有什么样的意义呢？

■杜利华：雕塑艺术在城市文化建设中的作用不可替代，它是一个城市文化、风土人情的有形表达，具有美化环境的功能，更应是一个城市的文化福利，是政府为民众提供的公共艺术财富。在向国际化大都市迈进的过程中，大都市应率先行动，多开展雕塑艺术交流，从而成为培养雕塑艺术的沃土。

□谈到雕塑创作，我想借此机会，请大千先生谈一谈中国孔子基金会推出孔子标准像的相关情况。刚才杜主席说雕塑是一种文化福利，孔子标准像可谓一种大福利，当初为何要推出孔子标准像呢？

■王大千：2006 年，我们正式推出了孔子标准像。说到初衷，主要是为了方便文化交流活动。过去，对外交往中，中国孔子基金会和外宣部门每年都向海外赠送很多孔子像，但像的造型不一，什么样的都有，造成不少友人对孔子到底什么样、哪个才是真正的孔子感到困惑。

原国务院外宣办主任赵启正先生就跟我们提过这样的问题，他和我们一样经常会为到底送什么样的孔子像而发愁，送出去的像也有很多不同，后来有些学者也在议论这事，我们觉得公布一个标准像是很有必要的。山东几任外宣办的领导也谈到过这个想法。基金会的几任领导因此有了制订孔子标准像的想法。

□为什么一定要有一个统一的版本呢？“和而不同”不是也很好吗？

■王大千：不仅各类纪念品、纪念章上孔子像的形态不一致，很多大学、社区、机构的孔子塑像也都差异很大。现在，世界各地都有孔子学院，这家塑这个，那家塑那个，今年塑成这样，明年塑成那样，没有统一的标准，很难让大家对孔子有一个统一的印象。台湾早在20世纪80年代就有了“统一孔子像”，之前我又听说日本人设计了关公的标准像，难道我们还要等到外国人先设计出一个标准的孔子像？

□在不同的历史时期，不同的艺术家出于对孔子的不同理解，塑造了各式各样的孔子形象，其种类难以计数。您能回顾一下这尊“孔子标准像”的创作过程吗？它的依据是什么？

■王大千：概括来说，制定孔子标准像体现了“三个定位，三个认同”的思想。我们将孔子首先定位为一位约定俗成的孔子，着重从他的服饰、手势、形态和佩剑等细节来体现；其次定位成一位平民的孔子，恢复孔子平易的、布衣的形象，体现他平和、温和、和谐的精神风貌；同时定位孔子是一位伟大的思想家、教育家。通过这三个定位，表现他高远、睿智、敦厚、亲和的形象与内涵。

□那么您说的“三个认同”又是指的什么呢？

■王大千：孔子标准像从初稿到定稿，先后广泛征求了儒学专家和历史学家的意见与建议，如季羡林、任继愈、文怀沙、张立文等，取得了专家们的认同。同时这也是一件艺术作品，要求具有高度美感，因此我们征集了钱绍武、“泥人张”传人、潘鲁生、胡希佳等集体意见，取得艺术家们的认同。这次我们还非常重视孔子后裔的意见，如孔德懋、孔祥楷、孔祥林、孔祥东等人，在家族遗传基因的层面给予认同。

在尊重历史依据的前提下，我们贯彻“三个定位，三个认同”的思想，以唐代吴道子行教像为基础，参考了大量的历史文献，最大限度地吸收历代孔子像的优秀元素，遵循《论语》中所描述的“温而厉”“威而不猛”“恭而安”的记载，集思广益，立体再现了孔子晚年的形象。尤其需要强调的是，我们应该用今天的眼光去解读孔子，不能照搬前人的解读。

□您的话是不是可以理解为，发布标准像不是对孔子长相的还原，而是对孔子的一种时代解读？再者，在今天我们应当如何正确解读孔子？

■王大千：不能这么理解，应该说是在制订标准像时我们有必要对孔子进行一个时代解读，而不是说为了对孔子进行解读才去发布一个标准像。在创建和谐社会的今天，在征求相关专家意见时，他们就提出孔子像要能体现东方哲人的微笑，不能过于严肃，要呈现一个和谐的孔子。“夫子莞尔”，要体现东方思想家、教育家的和蔼可亲，因为孔子已成为中国的历史文化名片。

历史上对孔子的解读有宗教的孔子，有神化的孔子，还有帝王的孔子，而且有些时代对孔子及其儒学理解得非常僵化。我们今天的理解就是一位平民的孔子，一位思想家、教育家的孔子，一位布衣圣人。

■杜利华：其实孔子标准像的存在与其他版本的孔子雕像并不矛盾，它们之间可以互补互通。孔子标准像更适合在正式场合下，在比较隆重的气氛和环境中使用；而其他版本就比较灵活了。我们雕塑艺术家创作了一些写意的孔子像，有的很抽象，同样也受到大家的好评和认可。并且，在我看来，不论哪个版本，只要我们在用心传播孔子的思想，本身就是一件好事，这是没有什么可争论的。我们举办的各种主题雕塑展活动，都曾得到大千先生及基金会其他领导的支持和帮助。因此，只要有利于文化交流与传播，形式必然是多样的，也肯定能得到大家的认同。

□既然中国孔子基金会是制作孔子标准像的发起者和主导者，那么它的版权应当属于基金会吧？

■王大千：当然归我们所有。我们也在尝试孔子标准像的产业化，但这并不是说我们制作出了孔子标准像，就有商业的目的。我说过，设计孔子标准像是为了文化交流的需要，我们提供一种范本供大家使用，没有什么商业目的。

现在有一种误区，一提到版权之类的事，有些人马上就条件反射，开始跟商业炒作联系起来。其实，有些人说是为了商业目的，可能是对这种公募基金会不是太了解。基金会本身就是具有公益性的，具有募集基金、接受捐款的功能，其主旨是为组织和支持海内外学习，研究、传播和弘扬孔子儒学思想精华。

□几年前，制定孔子标准像是一件著名的文化事件；而在今天，孔子标准像已成为引人注目的文化产业。请您总结一下这其中的成功经验吧。

■王大千：成功不敢说，只是谈一点我自己的体会吧。首先，我认为最重要的一点是孔子基金会以孔子“天下为公”的精神做事业、搞产业。中国孔子基金会对于孔子标准像持“有版权，不收费”的态度。在我们的中国孔子网上，标准像可以随时被免费下载使用。中国孔子基金会鼓励和欢迎社会各界力量参与到孔子标准像的运营和操作中来，包括生产、制作、推广和捐赠。近年来，社会上已经先后推出了大量不同材质、不同尺寸、不同规格的孔子标准像；同时也开发了如孔子像章、汽车挂件等多种小工艺礼品。

其次，尝试产业化运作，通过运作孔子文化产业打造孔子文化核心品牌。在与社会各界力量的合作下，我们先后合作成立了十几家运营实体，主要以孔子标准像为载体，在运作中不断衍生其他相关的产品类型，边发展，边丰富，积极探索孔子文化产业化的路子，让传统文化为今天的现代生活增色添彩，让孔子文化、孔子思想、孔子精神活在当下。

马树峰 图

在给习近平总书记的汇报中，我就提到了孔子及儒家思想的当代价值有五个方面，总书记是认可的。

——杨朝明

第十七期

对话杨朝明：文化凝聚着我们最深沉的精神追求

2013 年 11 月，习近平总书记考察曲阜，并在孔子研究院发表重要讲话。本期沙龙我们邀请孔子研究院院长杨朝明先生做访谈嘉宾，请他与大千先生谈一谈总书记“曲阜之行”的深意，以及对国学机构工作的影响。

■嘉宾　王大千

杨朝明　孔子研究院院长

□主持　常强

□习总书记2013年11月下旬的山东之行，有一项很重要的活动，就是视察曲阜，并参观考察了孔府和孔子研究院。请大千先生先谈一谈这对孔子基金会普及传统文化工作的影响。

■王大千：总书记考察曲阜期间，我和杨院长有过两次通话，我一直在关注着习总书记到曲阜来要看什么、讲什么。这是一个明确的信号，对我们大力弘扬优秀传统文化来说是一种肯定，更是一种鼓励。这些年来，我们一直走在弘扬传播中国优秀传统文化的最前沿，得到了来自方方面面的支持、帮助和认可，但习总书记这次是代表党中央明确表达了对孔子思想价值的认同，我觉得意义不同寻常。

□对于儒家思想的当代价值，习总书记是认同的。

■杨朝明：在给习近平总书记的汇报中，我就提到了孔子及儒家思想的当代价值有五个方面，总书记是认可的。孔子是中国文化走向海外的一张“名片”，也是海峡两岸维系情感的最好纽带，这些观点习总书记也表达了。他对儒家文化是有研究的，也是有感情的。

■王大千：您的观点我非常赞同。我发现习总书记在担任国家副主席的时候，每逢出国访问，他都会到当地的孔子学院看一看。他多次的演讲中，也很多地引用了儒家经典。这说明，中国文化在加强中外友好往来、在增强外国对中国的认识方面，的确发挥着不可替代的作用。

■杨朝明：若在历史上找一个最能代表“中国”的人，自然非孔子莫属。有学者称孔子为“中国文化之中心”，并说“无孔子则无中国文化”，洵为中肯之论。从这种意义上讲，海外数百所“孔子学院”实际上也可以称为“中国学院”或“中国文化学院”。不难理解，要了解中国，应该从孔子开始。

□与经济、政治、军事等相比，文化在外交上有独特的优势，它既是一种软实力，也是一种“软工具”。

■王大千：我们的孔子学院多在与我们意识形态不同的国家开办。从孔子那里找到文化共识，避免了谈政治带来的分歧。只有谈文化，双方一般都能接受这种互相交融与渗透。有人说这是“文化输出”，你走出国门会发现，文化是世界人民共同的兴趣。我们去美国、俄罗斯等国家，与外国朋友的交流，都是在平等、包容、愉快中进行的。我们的琴棋书画等文化形态，对外国朋友有着很大的吸引力。

■杨朝明：对的。就像今天我们与其他东亚国家的交往，尽管我们与韩国、日本等国在经济、政治、军事上存在分歧，但文化上我们的交流与互动，都是在一种轻松友好的环境下进行的。每届世界儒学大会，我们与日、韩学者各抒己见，“各美其美，美人之美”，学术分歧虽然难免，但大家的态度是真诚的、友好的。

□杨院长也向我们介绍了，习总书记在孔子研究院的座谈会上，也提到了历史上对孔子及传统文化的正反两个方面的态度。现在看来，反对孔子的，都是针对孔子思想的权威色彩；赞同孔子的，都是针对孔子思想的德性色彩。我们要让后者成为当下人的文化选择。

■杨朝明：中国儒学两千多年的发展历程，可以分为三个阶段：一是先秦时期，即通常所说的“原始儒学阶段”，这是儒学的初创时期；二是秦汉以来至近代以前，这是通常所说的“帝制中国时代”，大体而言，这是儒学与社会历史文化密切结合的时期，可概略称之为“儒学发展阶段”；三是近代以来，尤其甲午中日战争以来，这可以称为“儒学反思阶段”或者“儒学反省阶段”。我们所说人们对儒学价值认识的分歧，就在这个阶段。

这些显著的分歧开始于近代，自然与近代中国社会特殊的历史变动有关。反对儒学的人多将中国的衰败与孔子儒学联系起来，其逻辑很简单，既然中国落后挨打，作为思想文化基础的儒学自然难辞其咎。但是，儒学与中国社会结下两千多年的不解之缘，情况肯定不会这么简单！

今天看来，这样的问题已经不难得出正确答案。即使身处局外，即使是国外的学者，也会看到一个不可忽略的具体事实：因为有了孔子，中华民族比世界上别的民族更和睦、和平地共同生活了几千年;当今这样一个昌盛、成功的社会,在很大程度上仍然立足于孔子所确立和阐述的很多价值观念。毫无疑问,孔子学说、儒家思想在两千余年的日子里,其积极作用不可低估。

■王大千:我们说孔子可以代表传统,这是基于对孔子原有形象的尊重。近代以来的反孔者,则基于把孔子当作历代帝王将相的护身符和膜拜偶像。当然,历代帝王尊崇孔子有好处,这促进了儒学的繁盛和孔子伟大形象的建立,但把孔子与专制、与愚民、与等级高下结合起来,就是对孔子的歪曲了,更是对孔子思想的曲解了。

在早期革命时代,许多进步人士都"批孔",他们批的其实是与"德先生"(民主)和"赛先生"(科学)相背离的东西。这些东西不能算在孔子的头上。李大钊也曾说过,他抨击的孔子,并不是孔子本身,而抨击的是"为历代君主所雕塑之偶像的权威",抨击的是"专制政治灵魂"。

□杨院长也提到,儒家思想是马克思主义中国化的文化土壤。在二位看来,儒家思想与今天共产党人的指导思想,又有着怎样的共识?

■王大千:关于儒家思想与马克思主义的关系,今天已经有许多相关论述,我看过,武汉大学的郭齐勇教授就有不少这样的论述。《儒风大家》杂志第12期曾专访过北京大学汤一介先生,他谈得比较全面。汤一介先生认为,二者完全可以形成互补和融合。

关于相同点,汤先生认为:第一,两者都有社会理想;第二,两者都是重视实践的哲学;第三,两者都是从社会关系上来定义人的。关于缺陷,汤先生认为:马克思主义第一不重视个人道德,第二不重视传统;而儒家思想第一不重视科学逻辑论证,第二不重视法治。所以说,两者正好可以形成互补。马克思主义中国化,其实就是用儒家来弥补马克思主义的不足,进而形成完备的、更中国化的马克思主义。

■杨朝明:当今时代,中国提出建构"和谐世界"的理念,这实际是在"和平共处五项原则"基础上的延伸和发展,与孔子的"中道"哲学存在着显著的契合。中庸不是无为,而是不断纠偏。共产党人讲"与时俱进",您看《易传》,多处都表达了与时俱进的思想,只不过有的地方表述为"与时偕行"等。两种思潮和则共生,分则俱损。所以我说,儒家思想是马克思主义中国化的文化土壤。

□最后请二位结合这次习总书记考察，谈谈对日后工作的安排规划。

■王大千：对于中国孔子基金会来说，认真学习习总书记讲话精神是最重要的任务。总书记带给了我们莫大的信心，我们要在做好传统文化普及传播工作的同时，大力发展以孔子文化为核心的文化产业，大力整合对传统文化有认同、有感情的企业和企业家，助力我国文化事业的大发展、大繁荣。自去年以来，我们推出了“十大品牌工程”，我们要继续做精做细、做大做强。我们相信，我们所做的，不仅是工作，更是事业，这项事业功在当代，利在千秋。

■杨朝明：其实我们与大千先生的心情是一样的。习总书记到曲阜、到孔子研究院视察工作，全院上下深受鼓舞，深感责任重大、使命光荣。我们要认真学习、深刻领会习总书记重要讲话精神，要继续为弘扬传统文化、建设社会主义核心价值体系贡献力量。在学术研究上加大力度，潜心儒学研究；搞好学术交流，推进孔子思想、儒家文化走向世界；同时要加强人才队伍建设，努力打造一支高素质的科研人才队伍。

我感觉，作为中国优秀传统文化的代表，儒学要“走出去”，就必须先认识自己，提高研究水平，更加注重内涵，在此基础上以儒家文化的精华积极促进社会和谐进步，并积极掌握世界儒学研究的话语权。

我们要把孔子亲民、仁民、爱民的形象传递给更多的小朋友，不论中国的还是外国的，我相信孔子传递出的是一种正能量！

——赵永庄

第十八期
对话赵永庄：小木偶引发大产业

知名企业家赵永庄女士现为中国木偶艺术剧院有限责任公司董事长、北京永庄投资管理有限公司董事长，她所领导的木偶艺术剧院，曾将大型木偶剧《少年孔子》演到了国家大剧院，引起广泛轰动。大千先生与赵永庄女士都是中宣部“文化名家”，两位老朋友在木偶文化艺术的传承与创新、孔子文化的产业化等方面有诸多共识。本期沙龙，我们听听二位文化名家聊了些什么。

■嘉宾　王大千

赵永庄　中国女企业家协会副会长、中国木偶艺术剧院有限责任公司董事长

□主持　常强

□赵总与王秘书长是老朋友了，二位是在中宣部“四个一批”培训活动时认识的。大千先生曾介绍说，您是做文化产业的标兵式人物。这次有幸在国家大剧院观看舞台剧《少年孔子》并邀请您做访谈嘉宾，我们感到很高兴。

■赵永庄：我们的确是老朋友，早就认识了，并且现在都在从事文化产业，思考的问题都是如何实现文化在新时期的传承模式和盈利方式问题。文化产业做好了，是文化效益与经济效益兼得的一件好事情。

□赵总今天在中国物业管理界享有很高的声誉，请介绍一下您当初为何会从事这个行业并一直走到现在？

■赵永庄：其实最早我的梦想是做一位科学家。我非常尊重的前辈科学家钱学森先生的一番话，改变了我的生命轨迹。

我是恢复高考后的第一批大学生，当时在四川大学就读于中文系，大学毕业后，我没有留在南方，选择来北京发展。我被顺利分配到了国家科委工作。当时我天真地以为，进了科委就可以接触到很多科学家，他们在我心里都是值得尊敬的人。

1986年，在负责一场科学家大会的会务工作时，我见到了钱老。我当时很激动，走上前去对他说：“我很想成为一名科学家，不过现在的人生肯定是无法实现这个理想了，觉得挺悲哀。”钱老却不这么认为，他对我讲：“你还这么年轻，除了科学家，还可以做很多有意义的事情。中国不缺少科学家，缺少的是把科学转化为生产力的企业家，企业家是社会财富发展最活跃的细胞。21世纪是企业家的世纪。”就这么几句简单的话，不仅深深触动了我，而且还在冥冥之中为我的未来指明了方向。

■王大千：钱学森先生的话，实际上成了赵总日后事业奋进的原动力。作

为伟大的科学家，钱老的话是高瞻远瞩的，事实证明，他的激励对赵总产生了巨大的影响。钱老是赵总人生道路上的贵人啊！

□从赛特大厦总经理到保利大厦总经理，在每个职位上，赵总都能扭亏为盈，都能打造出一座最为高档、最为抢手的写字楼，您在物业管理上是如何做到如此业绩的？

■赵永庄：如果把房地产开发比喻成具有阳刚之气的男子汉，那么物业管理则是温柔细腻的少女。物业管理就是服务，为客户做好服务，为客户提供方便，想人所想，急人所急，自然就会得到客户的青睐与认可，财富自然就会来了。我是这么看的，房屋盖起来以后，要让它的使用者享受到“安、暖、快、捷、便”的时间和空间环境，那就需要物业的服务者有一种很细腻的服务风格，充满爱心的这么一种状态。

■王大千：赵总是一位了不起的女性。其实女性从事物业管理具有得天独厚的优势，女性细心周到，热情和蔼，在人际交往上更容易得到别人的信任和支持，而赵总就是把女性的特长发挥到了极高的水平。加上她干练、诚信，在管理上就会做得游刃有余，事业也会越做越大。

□1997 年，赵总辞去公职，成立了自己的永庄物业管理投资公司，同时还成立了我国最早的物业管理培训中心，后来您还因此获得了“国际大管家”的美誉。那么您为何又会从物业管理行业投身到文化事业中呢？

■赵永庄：这次的转变也是机缘巧合吧。2005 年元旦，那天北京下了场小雪，我看电视新闻，看见北京很多的孩子被父母带着去学琴、练字、补课，记者问孩子们为什么不去玩，小孩子们都说不知道哪儿好玩，家长说天太冷，没地方可带孩子玩。当时我就产生了一个想法，为什么不在北京给孩子们建一个适合他们全天候活动的室内娱乐中心呢？这也是一个产业方向呀！很快，积极寻找项目的我们和正在探索体制性改革的中国木偶剧院结合到了一起。

□当时中国木偶剧院是个怎样的状况？请赵总谈谈。

■赵永庄：2006 年 9 月 15 日，中国木偶剧院有限责任公司正式挂牌成立。它的前身是一个在周恩来总理亲自关怀下成立了 55 周年的中国最大的木偶艺术演艺集团。五十五年来，产生了小铃铛、大铃、小铃等很多影响了我们一代人的精品木偶戏；也产生了大批优秀的表演艺术家，他们走遍了全世界。但是，改革开放以后，木偶艺术家、木偶剧、木偶剧团面临着前所未有的挑战。什么挑战？市场的挑战。因此，在北京市文化产业领导小组办公室的直接支持之下，在我们部委宣传部、文化局的精心调研、策划和扶持下，我们北京永庄文化传媒有限公司有幸和中国木偶剧院共同出资成立了中国木偶艺术剧院有限责任公司，这是我们中国第一个由民营企业控股的转企改制带“中国”字头的文化创意产业企业。

□木偶剧院的成功改制目前已经是一个公认的事实，您可以简单介绍一下改制后的成果吗？

■赵永庄：改制后的木偶剧院平均每年演出 2000 余场，观众达到上百万人次，净资产是改制初期的 2.2 倍；我们还是全国首个国有股连续五年实现分红的企业，缴税突破了 1000 万元。而且在改制的这六年中，我们的艺术家原创和新编演出了《精卫传奇》《猴王——花果山》《猴王——闯东海》《少年孔子》等 18 部大戏，其中“猴王”系列第一部获得了中宣部的“五个一工程奖”，第二部则获得了“首届全国戏剧文华奖”等六项大奖。

■王大千：所以我们不能小瞧这个“小木偶”，小木偶足以引发一个大的产业。接管木偶剧院后，赵总的每一步都走得那么踏实有力，掷地有声。比如，刚刚接过来的时候，她就组织员工学习《公司法》《企业法》《合同法》，从而培养了员工的市场意识和竞争意识，为企业日后的发展壮大奠定了良好的基础。并且，公司制定了新的管理制度，保证了木偶剧院从事业单位向企业的顺利过渡。

□只有转变思维和态度，才能真正实现转型，为后来的盈利打下基础。作为原创大型史诗舞台剧，《少年孔子》的社会反响很大，获得了很好的社会效益和经济效益。请赵总简单介绍一下这部舞台剧。

■赵永庄：我们还将启动《少年孔子》的全球巡演，这部舞台剧我们进行了很多的尝试，是传统木偶与舞台剧结合的一次探索，不仅运用了超大 LED 屏幕，而且还融入了歌曲、舞蹈、杂技等各种艺术表现形式。我们这出剧目除了演员的精彩表演，还有一匹高 2.5 米、长 3.2 米的巨型道具马也非常受小观众的喜爱。这匹大马将舞台道具与机械原理相结合，使用了 200 多个螺丝钉，辅以轴承、齿轮等配件，由三名专业人员操纵，能惟妙惟肖地模拟真马的各种姿态。每次在舞台剧表演最后，这匹马的现身都会赢得小观众特别热烈的掌声和欢呼。

□对于传播儒家思想的这种新形式，大千先生怎么看？

■王大千：把古代圣贤孔子以舞台剧的形式展现出来，有利于传统文化和古代圣贤形象在少年儿童中扎根。我们常说传统经典文化有多么好，但重要的是如何找到合适的宣传手段和方式。我们用传统的说教方式，总不如这种艺术形式更具吸引力，也更能在少年儿童的心灵中留下深刻的印象。《少年孔子》得以在国家大剧院这么一个高规格的场所演出，本身就说明了它的价值和魅力。

我常跟身边的朋友讲，我们要向孔子学习快乐的智慧，孔子本身就是一个快乐的"时尚达人"。他身处逆境而显豁达通透，遇到乐事也会不加掩饰地展现真性情，把这些东西传递给孩子们，这对于他们的心灵成长，无疑具有重要的意义。我们就是要寻找一种好的方式来告诉孩子们，圣人其实就像住在隔壁的老爷爷。他能给你带来温暖和安慰，也能给你的人生道路带来启发和帮助；他是你的挚友，也是你的导师。这是我一切工作的出发点，也是中国孔子基金会的一项极为重要的工作。

□孩子总是无忧无虑、开心快乐的，有了孔子的"陪伴"，相信他们会度过一个更加有意义的童年。

■赵永庄：大千先生每天都这么开心充实，其实就是给我们树立了一个榜样。他本人既是孔子文化的传播者，也是孔子文化的实践者和受益者。我们要把孔子亲民、仁民、爱民的形象传递给更多的小朋友，不论中国的还是外国的，我相信孔子传递出的是一种正能量！

我们力争将这里（西贵堂）打造为懂礼仪、尊孝道、重诚信、邻里和谐的“君子之居”。

——叶青

第十九期

对话叶青：西贵堂，贵在有儒

成都西贵堂是中国第一个儒家生活体验基地，在这里，每周三都会有读《论语》的活动，每两个月都会请儒学专家来做讲座或培训，《业主守则》也是根据整个儒家思想来编撰的。本期沙龙，我们邀请这个知名国学社区的创办人叶青先生与大千先生对话，请他们谈一谈该如何打造具有儒家特色的当代社区。

■嘉宾 王大千

叶青 成都纵合世纪房产投资公司总经理

□主持 常强

□在四川成都，出现了一个以儒家文化生活社区为主打品牌的楼盘，叫作“西贵堂”。很高兴，我们能邀请西贵堂的操盘者叶青总经理参加这个高端文化沙龙活动。

■叶青：谢谢！西贵堂以国学社区而在今天闻名于全国，这还要感谢中国孔子基金会的推介和帮助。尤其是大千先生曾来这里考察指导，并授予我们“中国孔子基金会《论语》普及工程示范基地”的荣誉，这对我们来说是一种极大的鼓励和认可。

■王大千：叶总作为一位从事房地产的企业家，能够去主动思考商业与文化的结合，尤其是房地产业与孔子文化的结合，这本身就是一个亮点。放在地产界，是一个亮点；放在我们文化界，同样是一个亮点。

□请问叶总，当初为何决定要打造一个国学社区呢？

■叶青：尽管我从事的是商业活动，但人在商海，心还在文化。每一个有情怀的中国人，都应该去爱我们的中华文化，都有责任、有义务去传承中华文化的精华。尤其是我们所谓世俗意义上的成功人士，因为他们有更大的能量和实力去做一些事情，所以他们应当为社会、为文化做出更大的贡献。

我感觉，打造“西贵堂”这个文化品牌，是我们的商业策略，这一点毫无疑问，因为我们也希望自己开发的楼盘能够卖得更好，得到更多人的青睐，但单单这样想，境界的确太低了。我感觉，我们要借助这个楼盘的开发和规划，有更高的追求和境界，而这绝对要超越世俗的物质利益，所以我们就想到了中国文化，尤其是儒家文化。

■王大千：应当这么说，在追求时尚与新潮的今天，人们还要更多地关注我们的传统和过去，祖先留下来的东西，好多依旧对我们大有裨益。中华儿女对自己的祖国，对自己的文化，有着一种天然的亲切感，认祖归宗、叶落归根是炎黄子孙的自然情怀，西贵堂恰恰为一部分人提供了这种怀旧的机会。在天津某楼盘，曾有业主购房只是因为院子中的一棵枣树，这肯定是触动了他的某种情结。他还想守着自己特殊的记忆去生活，因为他感到熟悉，感到亲切，感到美丽。绝大多数的中国人都是热爱自己的民族文化的。所以，选择"中国精神、当代建筑、现代生活"作为你们的设计理念，是一种既怀旧又时尚的浪漫。西贵堂，贵在了富有浪漫主义色彩的人文情怀。这承接着古老的文化根脉，也迎合了时代的需求。

□时髦，可以是一种创新，也可以是一种不老。

■叶青：孔子思想在今天依然有价值，本身就说明了它的生命力。在今天，不学习我们的传统文化，才是一种落后和浅薄；乐于以古人为师为友，才是一种明智之举，才算与时俱进。

在西贵堂，儒家文化的元素是通过很自然亲切的方式呈现出来的。一个社区，不论选择何种风格，它肯定要有自己的装饰，肯定要以一种气质和风格展现给世人，我们在西贵堂就选择了孔子文化。我们会在楼道、电梯、车库、花园等各个地方，用儒家经典话语来装点，让业主在生活休闲中，感受最亲切、最有益的儒家文化。比如"德不孤，必有邻"的话语会被安置在相邻两个家庭的中间，它提醒每个家庭的成员，要修养自我，也要把好的品德传递给邻居。这样，邻里关系加强了、和谐了，整个社区也变得热闹了，人情味也更加浓厚了。

■王大千：叶总这样想，这样追求"里仁为美"，很令人敬佩。习近平主席在博鳌亚洲论坛上，就与其他国家的睦邻友好问题，提出"亲望亲好，邻望邻好"。我们在社区通过"孔子"做媒，也可以实现这样的睦邻效果。

西贵堂不但会给业主提供最优质的楼房和最舒适的生活服务，而且还要在思想上给人以启迪，给人以教化，这就是其他社区所不具备的了。西贵堂总是能给人以惊喜，给人以遐想。没有想到，儒家文化竟然可以用现代西方的洋房别墅进行一场完美演出，这种华美乐章的演奏无论是对中国还是对世界的，都不能不说是一个绝巧的创意。可以说，这种创意是"道"与"法"的有机结合，是融古今、贯中西的天作之合。所以说，西贵堂又贵在了中西合璧、古今融通的独特文化创意上。

和叶总对话，使我想到了另一位与您同名的国学传播者，他是湖北的全国人大代表叶青。这位叶先生主张开展"三分钟国学"教育，用简短生动的手机短信的方式来传播国学经典。他曾说，国学的一些精华内容并不深奥，反而跟我们的生活息息相关，比如忠诚、诚信、尊师重教、尊老爱幼等等，都是中华民族的传统美德。两位对我们传统文化有贡献的贤达，都叫“叶青”，很有意思。

□湖北的这位叶先生也是迎合了时代的需求。现代人都太忙，有时间看短信，没时间看书，把手机短信和微博这些现代传播形式，跟国学推广结合起来，效果应该是不错的。

■叶青：我认为，传播儒家思想的队伍，需要更多各行各业的人加入。文化具有超越时空、跨越行业及人种的特性，所以从国家的角度上看，我们中华文化要走出去，要面向世界；而从我们某一个行业、某一领域来看，中华文化也可搭建起与其他行业、其他领域沟通交流的桥梁。

■王大千：的确是这样，优秀文化的超时空性，决定了西贵堂“倾力打造儒家生活试验社区，重新构建中国传统社区文明”的大胆尝试和仁义之举，是对中国主流传统文化的有力继承，也是在新时代、新情况下对传统文化的新应用，这种开创精神，本质上是社会前进的动力。西贵堂，其贵之处，还在既立足于现在，又让人看到了远方和未来。

□王秘书长提到了叶总的目标——打造儒家文化生活试验社区，那请问叶总，这个目标有何具体的规划呢？

■叶青：我想，“西贵堂”这片文化试验田，应该是以“聚君子之士，养君子之风，树君子之德，成君子之才”为理念，以“老者安之，朋友信之，少者怀之”为宗旨的和谐人文社区。通过儒家文化与社区生活的有机融合，我们力争将这里打造为懂礼仪、尊孝道、重诚信、邻里和谐的“君子之居”。

■王大千：好一个“君子之居”。当年孔子去边远落后的地方，有人问他为何去闭塞、不开化的地方，孔子说：“君子居之，何陋之有？”（《论语·子罕》）在西贵堂，这里既有君子，又有现代化的生活设施和完美服务，比孔子去的地方要更令人向往啊！我们相信，西贵堂会成为新时代人居环境的一个样板和标杆。

■叶青：最后请允许我为大家诵读《西贵堂赋》，以向大千先生及各位同道表示感谢：

孔子以里仁为至美，孟母必三迁而后安。盖居仁人之里，能默而自化；入芝兰之室，可久而自芳。是故厚风美俗，雅居乐土，古人慕而归之，今人羡而叹之，唯孰人能起而化成之？导儒家之精神入当代之人居，以古风之淳厚抗今世之浇薄，成都西贵堂，功实在首倡。筑君子之居，聚儒雅之士，培忠恕之风，成里仁之美。申明礼仪，孝敬高堂；讲求诚信，敦睦街坊。成习得而潜移，仁厚之风穆穆；童稚听而感染，弦诵之声朗朗。老者安之，少者怀之，社区和谐，积年渐成。近者悦之，远者来之，人居样板，声名日彰。2009 年，中国孔子基金会、四川大学闻风以顾，始信礼失可求诸野，乃特设“《论语》普及工程示范基地”及“儒家生活试验基地”于此，以示赞襄。自是，西贵堂之儒家社区生活，其求索也源益渊深，其实践也流更远长。噫！大道之行也！文不在兹乎？西贵，贵在有儒。

当一个企业能“内求团结”，老板和员工能和谐友好，融洽一致，上下一心，形成一种强大的凝聚力时，这个企业也就有了“外求发展”的一个良好基础。

——潘智群

第二十期

对话潘智群：莫让良心受谴责

作为知名的酒水运营商，宝真酒业董事长潘智群，对这个行业有着深远的贡献。他还为东西方的酒文化架起了一座沟通的桥梁：将代表中国文化的白酒引入法国，又将代表法国文化的葡萄酒引入中国。本期沙龙我们将跟随大千先生，一起领略潘智群先生的精英风范。

■嘉宾　王大千

潘智群　山东新宝真商贸公司董事长、山东省烹饪协会副会长

□主持　常强

□请潘总简单介绍一下您企业的基本情况，以及您当初创业的情景。

■潘智群：山东新宝真商贸公司是山东最大的酒水运营商之一，也是水井坊、舍得酒及多个法国葡萄酒品牌的山东总代理。1981 年从学校毕业后，我走上了一个轻工系统的工作岗位。由于轻工系统早些时候是酒业的主管单位，从那时起我便和当地白酒企业打起了交道。在我 26 岁时，正逢国企改革，我所在的企业有史以来第一次实行总经理竞聘。选举是紧张激烈的，我对自己的能力、群众基础十分自信，志在必得。

然而这一次，我遭遇了失败。正是这一次的失败，促成了我的“下海”。1993 年，在国营体制下做了近十年糖酒工作的我，面对当时那种低效率、高消耗的工作方式，开始思考自己未来的道路。在我看来，在那种环境下，事业不可能做大，自己也不可能会有什么更大的成就，由此就萌生了创业的念头。就在这一年，我顶着全家人的反对，带着 6000 元钱和两三个人开始了自己的创业生涯。

□大千先生与潘总认识也比较早吧？

■王大千：我和潘总很早便认识了，所以是老相识、老伙计、老朋友。潘总在当初的创业早期，几乎是白手起家，一直干到现在的企业规模和效益，绝对是个传奇。现在，他不仅是身价过亿元的所谓“富翁”，成功地经营着几家企业，尤其值得敬佩的是他对我们中国传统文化的体悟和践行，这也是我安排这次沙龙活动的理由。在今天，有钱人很多，但有钱、有德、有品、有思想的人，却并不多。我们常说“富贵”，金钱充裕就是“富”，但要做到“贵”，除非你在道德修为和人生境界上有所修炼、有所体会，不然只是一个“土财主”。我们主要的沙龙对象，就是这些“富”且“贵”的企业家。

□潘总是典型的山东人,可以说是儒商的代表。一直以来,宝真酒业都秉承着"德诚信慎"的企业理念,从谈吐上我也可以感受到在您身上所展现的儒商特有的"忠孝仁义"之道。二位是怎么看待儒商之道的?

■潘智群:做企业一定要讲诚信,所谓的"无商不奸"现象,在宝真酒业不会出现,我们要做有人性的企业。我们始终牢记,赚钱无罪,但也不能让良心受到谴责。这是儒商的一个通性,也是最高原则。

■王大千:商业的本质是盈利。但是孔子说,"人而无信,不知其可也"(《论语·为政》),"民无信不立"(《论语·颜渊》)。以义为先,以义致利。儒家义利观长期教化的结果,就是使山东商人格外具有道德感。比如,瑞蚨祥的孟洛川就是典型的儒商。

■潘智群:我们公司连续多年设立"孝"基金,帮助企业里的困难孝子、困难老人。我们认为,连自己的亲生父母都照顾不好的员工,是照顾不好企业的。这就是我们当初设立"孝"基金的缘由。

□潘总是否期待公司实现更快的发展?对于贵公司未来的发展,潘总有何规划与考虑?

■潘智群:其实,如何界定企业发展速度的快与慢,并没有一个明确的数据。很多时候,数字上的快并不意味着企业发展真正的快,而慢也并不一定是真正的慢。一些企业把人力、物力、财力集中到市场上,短期内市场规模得到快速发展,但是站在企业长远的发展角度来看,这并不是一个好的办法。无论在任何地方,我们不求做得最大,只要做主流就行,这是我们始终坚持的。做大不如做强,做强不如做长。在行业中,别人做10年,你做20年;别人做20年,你做50年……持之以恒地做下去,就是成功。

■王大千:潘总更希望企业可以稳中求进,每一步都走得踏实有力。客观来看,企业的性格和企业家的性格有关,太快或者太慢都不利于企业长期稳健地发展。太快,企业发展后继无力,很可能昙花一现;太慢,企业发展不起来,甚至可能被淘汰;只有不急不慢、温和发展,企业才能持久。

□有一款酒叫“舍得”酒，是由沱牌大曲改的名字。未改名字之前，这个酒卖得一般，更名后，在市场上销售得很火爆。有人说，这是策划的成功。其实“舍得”是中国传统文化中的一种人生智慧。这个名字很有深度，好多人就是冲着这个名字而去品尝这款酒的。对于这种文化拉动市场消费的现象，二位怎么看？

■潘智群：舍得之间方见人生境界。正所谓“有舍有得，不舍不得，大舍大得，小舍小得”。你舍弃了什么，总会得到什么，然而不可以在舍弃的同时，便想要期望得到什么。有人得失心很重，有舍弃，就有期许；如果没有得到，就会心境不平。这样就过于功利了。

我们宝真酒业的员工都有强烈的归宿感。员工进入企业，安全感都会打99分以上。这是为什么？因为我们从不拖欠员工的工资和保险，上一天班就给一天的报酬，这是对员工最基本的信誉问题。好些企业担心人员流失，新人入职，要么先押一个月的工资，要么在发福利和奖金的时候分期发放，这样的老板是没有悟出舍得之道的。既然对自己的公司有自信，就不要担心自己的员工会不忠诚于你。老板固然精明，其实员工也不是傻子。老板对员工有舍了，员工自然会感恩戴德，加倍努力工作。这就是水涨船高的道理。对员工过于苛刻，你的良心也会受到谴责。

■王大千：说得好！星云大师有本书，叫《舍得》。书中以佛教精义为基础，结合一个个的小故事，对人生拓展、学业、事业、生活及心灵修养诸多方面进行教导阐释，启发人在成长、成功的过程中如何才能把握自己，学会舍得的艺术。

书中讲了一个古老的故事：有一个守财奴，背着一麻袋的金子过河。途中遇到恶浪翻船，船夫劝他丢掉金子，但这个守财奴却不舍得。结果可想而知，他因为不舍得放弃，最后沉水溺死了。于是，佛感慨道：舍得、舍得，有舍才有得。

人在成长道路上，总会遇到需要舍弃的时候，或许那些需要舍弃的是很灿烂、耀眼的东西，然而在需要舍弃的时候，就应该像甩掉会让自己失去生命的重重包袱一样狠狠地丢掉。越王勾践“舍己荣辱”，于是“得沃土天下”；司马迁“舍痛耻”，于是“得美绝正史”；陶渊明“舍名利”，于是“得自然之纯美”；王羲之“舍闲乐，滤传统”，于是“得绝世之美体”；李时珍“舍安逸”，于是“得天下安康”；林则徐“舍己安危”，于是“得社稷大义”，等等。所以我们说：“有舍有得，不舍不得，大舍大得，小舍小得。”

□在潘总看来，宝真酒业的成功，定然与贵公司“以人为本”的做法密不可分了？

■潘智群：团队气氛融洽，员工忠诚度高，是宝真成功的重要基础。即使有人离开，也只是因为不适应工作岗位，而不是因为工作环境。儒家讲究“和为贵”，这个要求不是指一团和气，而是在有原则和规矩的前提下，展现出一种人性化的姿态。老子也说：“圣人无常心，以百姓心为心。”（《老子·四十九章》）尽管我们做老板的不是圣人，但我们要向圣人学习，处处为员工着想，其实就是为自己、为企业着想，因为我们是“命运共同体”。

■王大千：这就涉及企业管理的问题了。管理在本质上也是一种文化现象，无论何种层次、何种规模的管理活动，都离不开特定的历史条件和民族文化背景，管理理念和思想也无不深深地镌刻着民族文化的印迹。我们的先贤有许多成功的管理经验和丰富的、独具特色的管理思想，传统的管理思想对现代的管理实践仍具有指导意义。

从企业管理的角度讲，“和”就是协调企业员工之间的关系，包括上下级之间、部门之间、企业与客户之间，等等。儒家管理思想很早就认识到了“和”在管理中的重要作用。早在孔子时代，他老人家就强调“礼之用，和为贵”，认为管理的最高境界是通过协调管理中的各种矛盾因素，以达到最佳的和谐管理状态。后来社会各界精英也都肯定并十分重视“和”在管理中的作用，强调人际关系和谐的重要性。儒家思想把“和为贵”看作修齐治平的基本原则，认为“和”既是人际行为的价值标杆，又是人际交往的目标所在。

■潘智群：为了工作，我经常往返于各国之间。在国外，我发现深受中国传统文化影响、笃信“和为贵”处世哲学的华人企业家们，都很善于处理令许多西方老板感到棘手的雇主与员工关系。他们不但在企业中实施“仁政”，善待员工，而且还经常深入到员工中去了解他们的困难和疾苦，认真倾听他们的意见和呼声。所以，在大多数华商企业里，劳资关系都比较和睦融洽，一般都不会发生工人请愿罢工的事情。

当一个企业能“内求团结”，老板和员工和谐友好，融洽一致，上下一心，形成一种强大的凝聚力时，这个企业也就有了“外求发展”的一个良好基础。所以我常对公司高管说，企业中和谐的人际关系是一种无形的资产，认真地加以倡导和维护，对企业的长期发展是大有裨益的。

□两位谈得都非常精彩。我相信，这期沙龙将会对提升企业家的国学兴趣、推动中国传统智慧在企业落地生根大有益处，谢谢二位！

马树峰 图

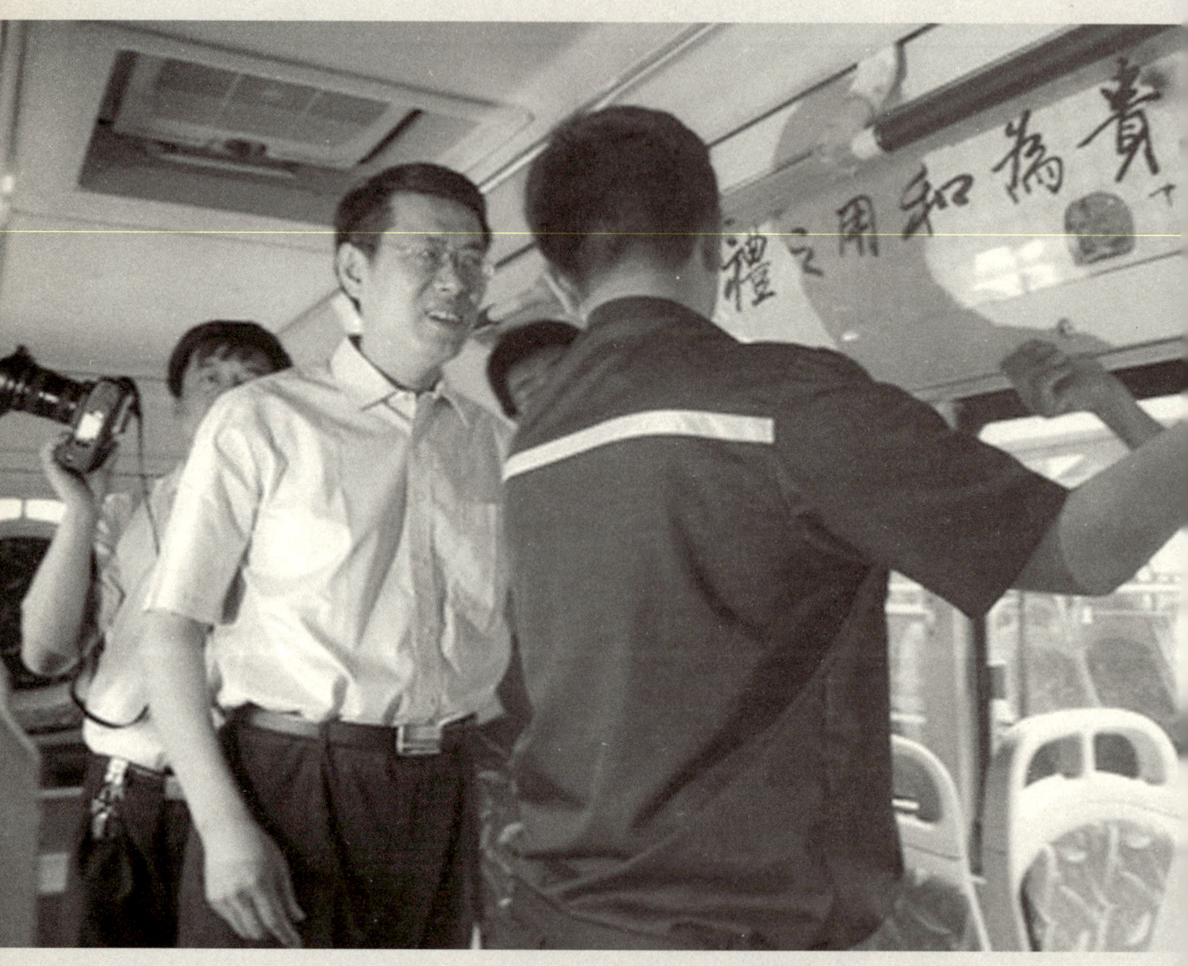

目前，孔子基金会的公益品牌——孔子学堂也入驻济南公交。其实，每一辆公交车，都是一个流动的孔子学堂。

——薛兴海

第二十一期

对话薛兴海：公交车上的流动风景

济南是孔孟之乡、山东省的省府，理当自觉担负起弘扬儒家文化的重任，而济南公交作为窗口行业，便义不容辞地走到了前列。济南公交在国内公交系统率先开展《论语》普及活动多年，获得社会一致好评。这都与本期沙龙嘉宾、济南公交掌舵人薛兴海先生的决策密不可分。

■嘉宾　王大千

薛兴海　济南市交通运输局局长、济南市公共交通总公司总经理

□主持　常强

□早在2008年第十一届全国人大会议召开之时，时任中共中央总书记胡锦涛同志就曾对来自济南公交的代表吴倩说："济南公交是一个品牌，你们要珍惜荣誉啊！"从那之后，济南公交成为全国公交系统的一面旗帜和榜样。同时，济南公交还致力于中国传统文化的传播和推广，这又成为济南公交的一大特色。请问薛总，当初为何会钟情于儒家文化？

■薛兴海：济南公交是泉城形象流动窗口、城市文明的一面旗帜、全国公交领域的优质服务品牌。长期以来，在各级领导的关怀和帮助下，在社会各界人士的关心和支持下，济南公交始终以科学发展为统领，按照上级有关部门关于文明创建活动的要求，结合公交行业实际，将文明创建工作融入城市公交运营、管理、服务等各个环节，在服务保障能力、安全管理水平、行业文明建设、职工精神面貌等方面均取得了显著成效。

之所以选择将公交事业与儒家文化结合，我们的初衷很简单，就是想利用自己的优势平台，传播我们的传统文化。您看，济南是山东的省会城市，而山东自古就号称"齐鲁大地"，在这片土地上，诞生了许多伟大的圣贤，如"至圣先师"孔子、"兵圣"孙子、"科圣"墨子、"工圣"鲁班、"智圣"诸葛亮、"农圣"贾思勰、"书圣"王羲之等等。济南，也是著名的历史文化名城。其中，孔子又被誉为"中国的名片"，是具有国际影响力的最伟大的思想家之一。我们在济南传播代表人类不朽智慧的孔子思想，很自然，也很有必要。

□那么贵公司主要做了哪些相关工作呢？

■薛兴海：对于儒家思想的弘扬和传播，我们分两个群体：乘客和公司员工。每一个公交车，都是一个"媒体"，在这里，每天都会迎接大量的乘客。而这些乘客职业不同，年龄不一。在车厢，我们可以做商业广告来赚钱，也可以做一些公益广告，而我们更希望把公交车厢当成乘客学习的地方。这样它的

功能就变得丰富了。

对于员工，我们要求他们学习《论语》，学习孔子修身做人、待人处事的方法和思路。我们的司机，每天的工作量都非常大，在路上有可能遇到各种问题和麻烦，他们在一线很辛苦，是我们的主干力量。其实他们的修身养性、身心和谐更重要、更关键，因为这不仅关系他们个人，而且还关系乘客的安全。所以，通过在员工中普及《论语》，并通过一些形式（如考试、诵读等）加以考核和强化，我们公司取得了明显的效果。现在，每位员工基本上都可以背诵《论语》当中的经典语句。

□据我了解，济南公交所普及的《论语》，与其他的《论语》不一样，确切来说，它的名字叫“公交论语”，是专门针对济南公交系统的员工的。这项工作，是由王秘书长主持并推动的吧？

■王大千：在公交系统普及《论语》，这个想法我很早就有了，薛总能够将它付诸实施，我很欣慰。所以，当济南公交希望与中国孔子基金会合作推动这件事情的时候，我们认为这是一个很好的机会，通过公交让更多的人了解儒家文化，让更多的人因儒家文化而受益，何乐而不为之？

把《论语》中的经典语句挑拣出来，邀请知名书法家书写并悬挂于车厢内，这对于提高公交乘客的文化素养和艺术素养是有益处的。就像刚才薛总说的，乘客来自四面八方、各行各业，但求上进、修道德却是大家的共同需求，而公交恰恰给他们提供了这样的机会。在济南公交上，乘客不会感到枯燥，不会感到无趣，因为我们替他们安排好了他们的碎片时间。有孔老夫子的陪伴，他们的公交之旅是幸福的，是温馨的。如此下来，车外的拥堵和车内的拥挤又算得了什么呢！

□挑选《论语》的经典语句，具体是通过公开征集活动实现的吧？

■薛兴海：是的。在 2009 年，济南市公交总公司与中国孔子基金会、中共济南市委宣传部、济南市文明办、济南市市政公用局联合开展了向社会各界公开征集适合“创建文明和谐车厢”《论语》名句的活动。广大市民的参与度非常高，最后按照大家的意愿，我们评选出了要进入公交车厢的《论语》名句。我们将这些名言警句制作成精美的展板、宣传画，悬挂在了全市几千辆公交车的车厢内。

在孔子基金会的帮助下，我们又出版了集公交管理、公共服务、处世育人、典型事例、精彩故事于一体的《公交论语》，得到了社会各界的好评，引起了人们的广泛关注，也使广大市民产生了一种强烈的心理共鸣，迅速掀起了一股学习《论语》的热潮。这不仅使公交员工的思想境界得到提升，自身素质、工作效率和服务质量得到提高，而且还为实现公交优化、创建公交品牌起到了积极的促进作用。

□这应该就是典型的知行合一、学以致用吧！

■王大千：当然了。这样一来，《论语》这部人生的“说明书”，就成了公交车上的流动风景。公交车厢是社会的一个重要组成部分，一个缩影。在公交车上做什么、怎么做，体现着一个人的文明素质，反映着整个社会的精神风貌。子曰：“己所不欲，勿施于人。”(《论语·颜渊》)在公交车厢这个小社会里，人人要尊重他人，人人要爱护他人，凡事多为别人着想，矛盾就会少一些，和谐就会多一些。公交车厢也是一个流动的学习课堂，孔子说：“三人行，必有我师。”我们不仅要善于从书本中学习，而且还要向我们身边的每一个人学习。《论语》开篇就讲“学而时习之”，要求我们从一点一滴学起，从一点一滴做起，学以致用，知行合一。

□一位朋友来济南，聊起公交车时，朋友对济南的“公交论语”赞不绝口，认为像济南这样把公交车搭建成为传播《论语》等传统文化的平台，让沉闷的车厢充满了浓浓的文化气息，这也说明了济南浓厚的文化氛围和文化底蕴。

■薛兴海：有一次，我们的驾驶员接受记者采访，一位驾驶员说：“行车过程中会遇到形形色色的乘客，我们要学会控制情绪，还要化解乘客的不满，《论语》中的很多名言警句都有启示意义，把它们与我们的工作相结合，能提高自身素质，从而提升服务质量，感觉这种教育方式很好。”目前，孔子基金会的公益品牌——孔子学堂，也入驻济南公交。其实，每一辆公交车，都是一个流动的孔子学堂。

■王大千：目前，济南公交的《论语》普及工作已经得到各界的广泛认可和好评，我们希望公交上的流动风景可以一直像生气蓬勃的春天一样，始终不会褪色，惠及更多更多的人。文化繁荣、文化兴国也是我们的“中国梦”，我们有必要、有责任把弘扬文化传统这项工作做好。

马树峰　图

（图片说明：山水泉城隆重举办孔子标准像揭幕仪式）

儒家文化对中国人的影响可谓方方面面，当然也包括居住文明的领域。

——盛峰

第二十二期

对话盛峰：让孔子"住"在咱隔壁

山水泉城是位于济南章丘的一座以儒家文化为主题的国学社区，在这里，我们体会到的是浓厚的人文色彩和气息。本期沙龙，我们邀请这座国学社区的设计者和推动者——道通置业投资有限公司总经理盛峰先生，请他与大千先生谈一谈他们是如何让业主与孔子为邻的。

■嘉宾　王大千
盛峰　山东道通置业投资有限公司总经理

□主持　常强

□盛总好！贵公司在济南章丘打造了一座以儒家文化为主题的国学社区——道通·山水泉城。当初为何决定要打造这么一座文化味十足的社区？

■盛峰：儒家文化经过几千年的传承，到今天，留下来的可以说都是精华的东西。作为有文化认同感和使命感的现代人，我们有责任把这份文化遗产传承下去。儒家文化对中国人的影响可谓方方面面，当然也包括居住文明的领域。

道通·山水泉城作为济南现代中式社区的典型代表，从启动之初我们就是朝着优质地产的方向着力打造的。孔子说："智者乐水，仁者乐山。"（《论语·雍也》）在我们社区，不单单有周围的山体围绕，还有社区内的水流潺潺，社区绿化面积超过50%，可以说这就是一个仁智之人所居住的现代社区。驻足于此，可以让人感受到东方社区文化和人文色彩。

□大千先生很早就与道通置业公司的领导有过接触，并且也亲自参与了道通·山水泉城国学社区的文化建设。请谈一谈您在打造国学社区建设过程中的体会。

■王大千：在今天，打造一所像样的社区并不困难，至少在硬件上不困难，但在房地产市场竞争日趋激烈、人们选择日趋多元的今天，如何打造地标式的精品工程，就不是那么容易的了。所以，很多开发商在一开始策划的时候，便考虑到了社区的特色问题。如何做出特色，做出差异化，一种简单而奏效的方式，就是引入传统文化的元素，让传统文化在社区落地生根。

在与道通置业的合作中，我们深感让孔子他老人家"住"进社区的重要性和及时性。孔子作为我们传统文化中和蔼可亲的伟大智者，不论谁与之"为邻"，都会受益无穷、幸福无穷的。"德不孤，必有邻"（《论语·里仁》）嘛！

□在当今的市场上，居住文化的丰富程度令人惊叹，其中的优秀作品很

多，当然也不乏借文化外衣的急功近利者。对此，盛总怎么看待？

■盛峰：这种现象的确存在。为了促进楼盘销售，很多营销策划人员绞尽脑汁，有的借助文化的皮毛来助推楼盘销售。当业主入住之后发现，原来文化只是一种噱头，一种幌子。对此，我们秉持“精工筑家”精神，即摈弃喧嚣、稳重发展、创造和谐、坚持原则、重视家庭，以敬畏的精神去实现传统文化与居住文化的融合。

在我们社区，融入了很多传统文化的元素。如在小区内营建多处成语石刻、中国风雕塑，在景观长廊内进行《弟子规》的展示，用《论语》语录来美化灯柱道旗……从而全力打造出了一座儒家文化社区，并充分实现了“东方人居”的建筑精神和理念。另外，我们还开辟有“社区国学讲堂”，定期邀请国学名家走进社区，为业主讲解传统文化的精髓和智慧，让大家感受到家庭的温馨、邻里的和睦和生活的美好。

■王大千：有山，有水，有家，有爱，徜徉在山水泉城这座理想的现代人居中，人文关怀贯穿始终，东方人居品质画卷徐徐可见。

我还有一个感触。随着城市化和城镇化的深入发展，在越来越多的农村中都盖起了高楼，原有的邻里关系被打破，有些以往那种“抬头不见低头见”的邻居竟然变得“老死不相往来”。现代高楼大厦往往令人感到情感淡漠和人际关系疏松。所以我们有必要在更多的社区建立“村史博物馆”“公共文化讲堂”等“道场”，让大家在此相互了解，相互交流，建立友谊，拉近距离，扩大共识。

□中国孔子基金会在打造国学社区上，除了山水泉城，还有没有其他的项目呢？

■王大千：山水泉城国学社区建设是我们力推的一项文化公益活动。孔子标准像“落户”社区、国学名家鲍鹏山教授走进社区、口袋书《论语百句》进社区等，这些活动都是我们倾力而为的，在山水泉城受到业主的普遍欢迎和广泛好评。除此之外，我们还参与了国内许多现代社区的文化建设活动，比较典型的就是位于四川成都的西贵堂。

西贵堂社区在社区景观等硬件设施建设上，一直大量运用《论语》经典名句，设计制作了多个具有《论语》意蕴的景观。在二期“三叠墅”开发建设中，《论语》名句的运用更加明显。“君子求诸己，小人求诸人”（《卫灵公》）、“君子喻于义，小人喻于利”（《里仁》）等儒家名句被刻成匾牌悬挂在各处景观，刻着

“仁”“义”“德”“让”以及《论语》中成语的雕塑在草坪花丛中随处可见，小山上的一座亭子被命名为“九思亭”，地下车库的墙壁上是《论语》的名句，连车库的出入口上，也镌刻着“不患人之不己知，患不知人也”（《学而》）。

在社区文化建设上，西贵堂还一直打造“儒学讲堂”，每周邀请专家学者做儒家专题讲座和国学培训，定期举办儒家文化知识竞赛。西贵堂社区通过上述系列举措，形成了一个切实践行儒家生活理念的实验基地，以及具有时代特色的儒家生活探索模式。

□最后请盛总谈一谈对建设文化社区的未来规划。

■盛峰：我们不尚空谈，愿意在对儒家文化的不断体悟中，不断实践。《礼记·礼运》中有一段名言，是几千年来儒家文化的最高社会理想，现在也是我们企业的文化理想：“大道之行也，天下为公，选贤与能，讲信修睦。故人不独亲其亲，不独子其子。使老有所终，壮有所用，幼有所长，鳏寡孤独废疾者皆有所养。男有分，女有归。货恶其弃于地也，不必藏于己；力恶其不出于身也，不必为己。是故谋闭而不兴，盗窃乱贼而不作，故外户而不闭。是谓大同。”一个社会的发展进步，大同理想的实现，终需文化的指引。

习近平总书记提出“中国梦”，我认为我们不断打造文化社区，请孔子“住”在咱隔壁，就是在朝着梦想奔跑。我们作为一个负责任的地产企业，将不断为“居者有其屋”的大同梦想而身体力行！

马树峰 图

根据客人的满意度和渴求度来看，家教文化体验基地很有生命力。

——马桂生

第二十三期

对话马桂生：家风德雨，润心无声

曲阜夫子宾舍，是以中国传统家教文化为主题，以宾舍经营服务为载体的“中国首家传统家教文化体验基地”。大千先生一直支持夫子宾舍弘扬家教文化，并认为家教文化的历史价值与时代价值并存，家教文化是中国文化的缩影。本期沙龙，我们邀请大千先生对话夫子宾舍创办人马桂生先生，请他们围绕夫子宾舍建设和家教文化的时代价值展开对话。

■嘉宾　王大千

马桂生　夫子宾舍创办人、济南铭座酒店管理公司董事长

□主持　常强

□当初马总为何要做这么一个家教文化主题的酒店？初衷是什么？

■马桂生：现代社会，很多针对孩子的家教进入误区。父母在教育孩子的时候，更多倾向于技能，而忽视了品德；更多倾向于爱好，而忽视了习惯。社会上年轻人的荣辱感越来越模糊，不良社会现象也越来越多，尤其是现在父子一起“向钱看”，而忽视了做人的基本道德。这些社会现象的根源在于家庭教育的缺失。父母是孩子的第一任老师，父母的所有行动都会给孩子留下不可磨灭的印记，但是这个道理，很多做家长的都不懂，更不知道怎么去做。

习近平总书记在2015年春节团拜会上发表的重要讲话中说：“家庭是社会的基本细胞，是人生的第一所学校。不论时代发生多大变化，不论生活格局发生多大变化，我们都要重视家庭建设，注重家庭、注重家教、注重家风……发扬光大中华民族传统家庭美德……促进下一代健康成长。”通过对历史名门望族的深入了解，我们感受到了优秀家教的力量。一个家族之所以兴旺几百年，人才辈出，根源就在于优秀的家风、家教和家训。因此，我们想建立一个家教文化体验基地，对孩子的启蒙、教育、成长尽一点“匹夫”之力。

□夫子宾舍一直在精心打造“一府三院十六堂”家教文化体验基地，这些文化世家是如何甄选的？它们共同触动您的地方是什么？可举一两个例子吗？

■马桂生：各地都流传着名门望族的故事、先贤乡达的功德，对后人有很大的激励作用和教育意义。做家教不能空喊口号，铭座公司历时数载，遍寻名门望族的故居旧址，研读其家风、家训典籍，探寻其发展、兴盛脉络，才推出了采中华文化之精粹、集历史名门望族之功德的中国首家传统家教文化体验基地，堪称中国传统家教文化博物馆。在一个地方集中展现16家名门望族的家

风、家训，在中国还是首次。当然，由于我们的视野、信息量有限，在甄选过程中存在着很大的困难，资料未必是最全面的，但16家名门望族都各有自己的荣耀，人才辈出，科甲鼎盛，家家都留存着优秀的传世家训，都是家教文化的活化石，是中国传统家教的缩影。

俗话说："道德传家十代以上，耕读传家次之，诗书传家又次之，富贵传家，不过三代十六家。"16家名门望族之所以绵泽百世，他们都具备一个共同点，那就是"两条正路曰耕曰读，二字箴言惟勤惟俭"。滨州杜家是一个拥有六百多年历史的名门望族，明清两代科甲鼎盛，封疆大吏、文坛旗帜人才辈出。中秀才347人，中进士12人，举人8人，入翰林6人，文官知县以上、武将千户以上39人，以"一门十二进士""父子兄弟伯侄六翰林""四代为相""满门皆清官"而闻名华夏，久有"书香官宦门第，进士多人之家"的美誉。其家风精髓就在于"教育"。杜氏《述训》从胎教、早期教育到成人教育，从孩童的爱心教育、言传身教到成人教育的修身立志、孝悌忠信，皆面面俱到，字字珠玑，树立"官可以不做，书不可不读"的基本思想，并提出"教儿婴孩，教妇初来""修身之道，即教子也""读书，欲因此求其心源""需先安贫，立志，拓其识见，宏其器量"等具体措施。

诸城刘氏家族作为清代山东世家望族的翘楚，在自清顺治年间刘必显中进士起，至清末废科举止的两百余年里，刘家先后有11人中进士，另有31人中举人，有7人官至二品以上，3人官至一品，更是创造了父子九登科、三世一品、父子祖孙翰林、五世蝉联进士的显赫功名。刘必显（刘统勋的祖父）作为刘氏家族第一个读书致仕的人，为官清廉，爱民如子，在野飘然世外、谦瑾仁爱，他为刘氏子弟奠定了"诗书传家"和"勤俭持家"的基调，百年而不绝。如："当官清廉，积善行德，官显莫夸，不立碑传，勤俭持家，丧事从简"；"以身教者从，以言教者讼。教子之方，莫要于读书"。

□王秘书长怎么看待夫子宾舍对世家文化的传承与弘扬？

■王大千：在中国历史上，数代不衰的大家族其实并不罕见，在一定时期或者一定区域里，还形成了长盛不衰的文化世家。所谓文化世家，是指这个世家的文化色彩比较浓厚，在家族血脉传承中带有强烈的文化传承色彩。中国历史上这样的文化世家历代都有。其累积过程往往需要四五代人，经过上百年的不懈努力，才能够开花结果，形成气候。如果没有足够的后代继承，这些宝贵的文化财富，恐怕只能白白地丧失了。

世家对当代社会的最大贡献，或许就是其家风、家教了。在传统中国，随着礼乐社会的历史演进，家庭逐渐成为孕育社会伦理的温床、文化传承的载体和净化社会风气的桥梁。家庭这种文化功能促进了中国家教文化的繁荣发展。

今天，传统社会中遗存下来的文化载体已越来越少，而具体到独具文化特色的家庭用品，更是凤毛麟角。我们孔子基金会在自己的“第一书记”帮扶村开办了村史博物馆，把昔日的农具、生活用品等物件集中展现出来，受到村民的普遍欢迎。尽管这些物件与世家文化不一定有关联，却与中华民族这个最大的“世家”息息相关。夫子宾舍的做法，不单单有经济价值，更重要的是有文化价值和社会价值，说它“功在当代，利在千秋”或许也不为过，希望你们能够继续做好。

□夫子宾舍里面集纳了许多文物，兼具家教文化博物馆的性质，它的投入应该比一般的普通商务酒店要大。作为一个教化与休闲兼顾的地方，咱们的经营情况如何？毕竟它也是一个经营性单位，还要实现盈利。如何实现社会效益与经济效益的融合统一？

■马桂生：谢谢王秘书长的肯定。开业以来，我们很欣慰地看到“所有入住的客人都感觉受益匪浅，相见恨晚”，特别是我们从众多家训中提炼了“家教二十八则”“家训十二礼”，同时整理推出“开笔礼、登科礼、成人礼、拜圣礼”等儒生四礼，深受顾客好评。有的家长特意带着孩子来宾舍举行开笔礼，接受人生的第一次心灵洗礼。下榻夫子宾舍的客人，大多都是口口相传，闻名而来。虽然夫子宾舍刚刚起步，目前经营效益正在提高，但是根据客人的满意度和渴求度来看，家教文化体验基地很有生命力。

目前，我们并没有过多地关注它的经济效益，正在全力做文化、做体验。习近平总书记在2014年主持召开文艺工作座谈会时强调，一部好的作品，应该把社会效益放在首位，同时也应该是社会效益和经济效益相统一的作品。夫子宾舍，作为全国首家传统文化家教体验基地，是应势而生，存在着广泛的社会需求，并不是一味地去追求利润，更不是“哗众取宠”。夫子宾舍巧妙地把家教文化与经营文化结合起来，让传统文化与人们的旅游、生活融合，在经营服务中展示家教文化，让宾客在休闲旅游中领略和参与家教文化，在参与中体悟，在礼遇中受益，从而让文化更生动，让经营更有特色，让基地更有活力。

□夫子宾舍想给客人带来怎样的别样感受和印象?客人对酒店有着怎样的评价?

■马桂生:家风德雨,润心无声。通过对家教文化及主题文化的顶层设计,夫子宾舍将建设成“文化、旅游、宾舍”三位一体的文化产业,成为客人心中的“中国历史名门望族家教文化博物馆”。一门三院十六堂,堂堂大观;名门望族十六家,家家显赫。在夫子宾舍,可以养生、养心、养性,住一天,益一生,居一家,恩三代。

从基础卫生到产品设计,从专职管家服务到家教文化体验,客人都给予了极高的评价。目前OTA平台上的评价全是“5分”好评。一位在酒店居住的客人是这么评价的:“一个具有传统文化特色的精品酒店,一个有些不像酒店的酒店,一个住过以后让我和家人很难忘的酒店。”“房间装修得很有意境,仿佛穿越时空回到古代。屋内设置渗透着诗礼世家的风格,各种设施新颖又先进。我们对各种摆件、书籍、文房四宝爱不释手,甚至不想游‘三孔’,只愿在这里泡着了。”还有客人是这么说的:“在住过的各种星级酒店和精品酒店中,这家店给我留下了较深的印象:无微不至的微笑服务、布置精致的书香庭院、香甜可口的孔府家宴、赏心悦目的家教文化。相比于连锁的花记和悦记,足可以称为一家非常有特色的Boutique Hotel。”

□老话讲“筷头下出败子”,让孩子衣食无忧,对他们的成长绝非好事。在当下以子女为中心的家庭结构中,如何给孩子提供一个利于长养好习惯的成长环境?

■王大千:中国传统文化特别强调夫妻有别,“男主外,女主内”,丈夫和妻子在家庭角色的扮演上是有区别的。在传统的家庭教育中,同样强调夫妻有别,严父慈母。不过,当今社会这些区别变得越来越模糊。

我常说,一个合格的父亲,要做到“三位一体”——生父、养父、教父。生下一个孩子,这是人的自然属性,与动物没有区别,但如何把孩子养育得健康,却是一门学问;而同样重要的,是父亲该如何教育孩子,让孩子成为一个对家庭和社会有用的人才,这也是一门学问。做好这两门学问,才是一个好的父亲。所以,一定程度上讲,家长可以对子女严格一些,但要掌握度,要注意孩子的接受程度。

按照佛家的说法,世家之所以能够绵延不绝,是有大福报的。大福报不是来自外在的命运垂青,而是来自于内在修为。家教严格、家风正派、家门贵德,终会繁衍出一个世代不衰的大家族，就像孔家。所谓“忠厚传家远，诗书继世长”是有道理的。

■马桂生：常言道：“有其父必有其子，观其子将知其父。”子不正，过不在子而在父。父之过，过不在养而在教，教子之要首做人，做人之要先正心。教不在言，而在身。身教胜于言教，言教之，身必行之。言晓以理，身行于礼。孩子就像一棵小树苗，成长过程中难免会有“枝杈”，难免会有“不辨是非”的时候，关键在于父母的熏陶和教育，要树立严格的家风，不能娇生惯养，要让孩子“立德立志”“明白规矩”“务本勤俭”，给孩子一个好的成长环境。家教，旨不在长能，而在育德。家风，根不在子孙，而在长辈。家传，贵不在多财，而在厚德。

□家庭是社会的细胞，也是道德的乳母。古代不乏传之后世的经典家风、家训，但那些都是农耕时代的产物。在信息时代，老祖宗传下来的东西，大家在接受上会有时代隔阂吗？是不是存在一个批判继承的问题？

■马桂生：作为中华传统文化的组成部分，许多家风、家训难免有着时代局限性，存在诸多弊端，比如“重男轻女”“严格的等级观念”“培养奴性”等等。但事物都有两面性，传统优秀的家教、家风，实质上是中国优秀文化的化身，是生活化、人格化的圣贤文化，是历代先贤、名门望族之精神智慧、人生经验和理想追求的结晶，是新时代精神文化的“正能量”。综观优秀的家教文化，他们都有一个共同的特征，即都很注重培养下一代的道德养成、克勤克俭、立业为善、孝悌忠信和礼义廉耻，尽管表现形式各不相同，但都潜藏着某种为人处世的基本价值。

我们宣扬的是优秀的家教文化，编辑时对于落后的观念、观点已经进行了筛选。目前，需要做的是不断寻找“传统家教”与“现代教育”之间的平衡点，在传承中华民族优良的家教传统、弘扬其精髓的同时，不断创新教育机制，让两者协调统一，水乳交融。

■王大千：对于这个问题，习总书记早就给了我们解决问题的钥匙。他曾说，我们既不是复古主义者，也不是虚无主义者，对历史文化特别是先人传承下来的道德规范，要坚持古为今用、推陈出新，有鉴别地加以对待，有扬弃地予以继承。总之，对待传统要坚持“两创”方针，这当然也包括我们的家教文化、世家文化。

□家风、家教是一个家庭恒久不变的精神规划。儒家文化长久地滋养着中国人的心灵家园。最后可否请马总简单谈一下对儒家文化的认识和情感？

■马桂生：儒家文化的内涵，在我们每个人的身上都有或多或少的体现，儒家文化的精髓渗透到了我们这个民族的血脉和灵魂里。尤其是优秀的家教文化，就是儒家文化的生活化、人格化。我们从 2004 年就开始做儒家文化主题酒店，深受顾客的欢迎，通过多年的探索，我们让儒家文化落地生根，将其渗透到管理和服务的每一个环节当中。我们在实践中学习，在学习中提高，深刻地认识优秀的传统文化。儒家文化是我们民族的瑰宝，是我们民族的财富，我们务必要去弘扬、传承和实践。

我最期望的是，在中国孩子的早期教育里，能够给他们更多的机会接触自己的传统文化，学中国文，养中国心。

——李广斌

第二十四期

对话李广斌：深耕早教沃土，涵养儒风心灵

童学馆，就像个“小小孔子学院”，它是当今中国知名的连锁“新中式教育”机构，旨在为中国0～12岁的儿童开启智慧之门。它既不同于西式早教机构，也有别于幼儿园和小学教育，采用的是中式周末培训模式，是现行园校教育外的一种补充形式。本期访谈我们请大千先生与李广斌先生谈一谈童学馆的建设规划及少儿国学的普及传播情况。

■嘉宾　王大千

李广斌　少儿国学教育专家、童学馆创办人

□主持　常强

□李总是高校教育学专家，是什么机缘让您产生将国学传播与儿童成长教育结合在一起的想法的？

■李广斌：在2003年年底，在“中国幼教百年纪念”活动中，我了解到中国的现代幼教起源于湖北武昌，由张之洞先生于1903年创办第一所“中学为体，西学为用”的现代幼儿园。这让我反思当今中国幼儿园的“全盘西化”的问题，深感需要扎根于自己的文化和传统的幼儿教育实践。而后我又在2004年自己主持的“帮助初高中生戒除网瘾”的项目中，深感解决中国孩子的心理问题，必须借用中国传统文化的力量，只靠西方心理学是不够的。于是，2004年我们在华中师范大学成立了“中国文化与儿童发展”课题组，研究“国学教育”与“儿童成长”之间的关系。这就是我走入以中国传统文化的视角解决现代儿童心理成长问题这条路的机缘所在。

■王大千：我对李总的童学馆关注很久了，可以说，你们的童学馆在少儿国学教育的实践上，已经走在了全国前列。今天大部分的幼儿园教育，还是以西式为主，中国传统文化的元素少之又少。好在我们从上层到民众已经开始觉醒了，这是好事。你们大有可为。

■李广斌：谢谢大千秘书长的鼓励！我对中国文化怀着一种崇敬和学习的态度。任何灿烂的文明都有其独特的基因，何况我们这种如此悠久而没有断落的文明。我最期望的是在中国孩子的早期教育里，能够给他们更多的机会接触自己的传统文化，学中国文，养中国心。

□据我了解，童学馆针对不同年龄阶段的孩子，开发了相对应的国学课程。这些课程主要依据哪些规律？李总可以从孩子的身心成长及教育的自身规律方面谈一谈吗？

■李广斌：童学馆的课程，主要遵循“中西合璧”的原则，采取“多元阶梯”的课程设计理念，倡导“预存智慧，浸润心灵”的长线教育观，呼吁家长们让孩子“国际化前先扎根”，培养君子淑女，打造领袖人才。

孩子出生后，他的身体在长高，他的心灵也在“长高”。长高的过程，关键是看根。古语说：只有根深，才能叶茂。孩子的根育，是关键。而对根的关注和投入，家长往往不重视，这就造成了很多孩子的根都不是太好，甚至是烂的。古人讲的养成教育，其实讲的就是养根。童学馆的课程，就是要把孩子的根给培好。这个根，我提出 16 个字：“敏而好学，乐而有礼，仁勇无敌，志在圣贤。”这是童学馆准备为孩子养的根，是我们立德树人的根本。

□在儿童国学教育上，王秘书长有什么好的想法和建议？

■王大千：还是要从基本的东西抓起，应该有几个突破口。我们办“孔子学堂”，其宗旨就是教育人们要“写好字、读好书、做好人”，这对于少年儿童的成长发展，更为重要。孩子处在人生起步阶段，如果能把这几项工作做好，使他们养成良好的行为习惯，待他们长大后，不论做什么事情，从事什么行业，都会有利于社会，更有利于他个人。我从来不反对“中西合璧”的教育思路，中西文化各有所长，作为开放包容的“新新人类”，自然要兼容并蓄，但我们认为在孩子们的人生早期，注入本国本民族的优秀文化理念，是最重要的教育工作。

□关于“国学”，历来有不同的定义，可谓见仁见智。尽管孩子的潜力有很大的开发空间，但毕竟也存在接受的程度问题。二位认为，在孩子早期成长阶段，对他们最有价值的国学内容有哪些？

■李广斌：如今国内大部分的儿童国学教育机构，提出孩子学习国学主要是学经典。我感觉，似乎应该再拓宽点，分细点。我提出：德行为主干，诗文、礼仪、历史、哲理、国艺、益智是分枝。“一干六枝”的国学启蒙教育，是一个生长型的教育，对孩子未来取得各项学习、事业成果，起着至关重要的作用。

■王大千：其实我刚才已经讲到了，中华民族最优秀的核心理念，无非就是儒家的“仁义礼智信孝悌廉耻”这些价值观。此外，还要通过文化体验来培养他们的文化认同感和自信心，李总提出的“一干六枝”挺全面，需要注意的是要有趣味性，“寓教于乐”效果会更好。

□孔子主张教学相长、寓教于乐，童学馆如何使孩子对国学产生兴趣，又如何做好教与学、学与思、知与行等的统一？

■李广斌：如今的国学教学法，多强调“诵读”，其次会强调“力行”。童学馆也重视此二法，但会更加多元和丰富。注重大意梳解、连续提问、启发等待、角色扮演、节目表演、鼓励互助、操作练习、音乐配合、父母参与等，都是我们会启用的方法。让孩子不断动脑，不断应用，给予他们更多的机会学思合一、知行合一，这是我们不断激发孩子们的兴趣、同时保持他们的兴趣的法宝。

□1905 年，晚清重臣张之洞在武汉创办中国第一所幼儿园——武昌幼稚园，提倡幼儿教育“中学为体，西学为用”的思想。童学馆如何实现中西学间的结合？

■李广斌：课程的内容资源，我们都是从中国文化中选取，并做了梳理和提炼，保证正能量和文化底蕴。在课程的目标分解和教学方法上，我们会引入西方化的手段，让孩子产生新鲜感和成功体验，获得学习带来的喜悦感。在教师的培养上，我们先在师德和文言两个部分对老师下大工夫，然后在教姿教态、教具学具以及游戏互动上，会让她们接触很多西式方法的示范和培训，让她们上课时更加灵活，并关注孩子的心理。

□目前，童学馆发展速度很快，规模不断扩大，已经成为国内知名的儿童教育品牌。对于下一步的发展，李总有何具体规划？

■李广斌：下一步，童学馆将不止在周末培训部分开展儿童国学教育，还会提出针对幼儿园的国学教育解决方案，以及移动互联网模式的 C 端教学产品，为更多的家庭提供国学启蒙服务。同时，童学馆也会在最近两年启动海外市场，寻求海外的合作伙伴，让中国文化的启蒙教育走向全世界。

如今我们童学馆的分馆已经遍布国内 100 多个大中城市。我们承办的中国少儿国学公益大赛，也有 60 个城市分赛区。我期望我们能够形成一个多层次的国学教育服务平台，同时带动一个产业链的发展，与更多的伙伴合作，达到产业共赢的大格局。如今有不少投资商也找到我们，期望提供资金，建议我们借助资本的力量，迅速扩展。我期望找到有战略眼光和教育情怀，尤其是有中国文化情结的投资伙伴，一起做大这份事业。

□童学馆连续两年发起了少年儿童国学秀风采大赛，请您谈一谈发起这项活动的初衷。

■李广斌：因为童学馆的定位是中高层收入家庭，选址装修和人力成本都很高，学费相对比较贵，所以照顾不到广大普通家庭。所以我们联合中国关心下一代工作委员会和中国孔子基金会，来举办这个"中国少年儿童国学秀风采大赛"，就是要给更多的孩子提供一个学习中国文化的鼓励机制，一个表现自己国学风采的展示平台。我们的目的，就是让孩子"学好中国文，秀出中国范"，这是中国人教育自己的孩子首先应该做到的，我们期望能够为社会尽微薄之力。

□随着互联网、大数据等高新技术的发展，"互联网＋"已成为推动社会发展的新形态、新方式。二位怎么看"互联网＋"模式与国学教育产业的融合？童学馆将如何搭乘"互联网＋"的帆船，再度起航？

■李广斌：首先，我们积极利用互联网技术，联接我们全国的100多个城市的分馆，提高我们的互联互通能力，发挥整体联动优势。其次，我们会利用互联网技术，做好O2O的业务模式突破，积极发展线上的服务和营销力量，带动线下业务。再次，我们会开发微信服务功能和多款APP，为移动用户提供贴身的、入家的国学教育服务，让国学进入千家万户。将来是一个互联网的时代，而在"互联网＋教育"这个大的产业趋势中，"互联网＋国学教育"应该是一个最火红的品类。大家为我们加油，我们也要更加努力。

■王大千：当下，"互联网＋"代表了一种新的经济形态，就是要充分发挥互联网在生产要素配置中的优化和集成作用，把互联网的创新成果深度融合到经济社会的各领域之中，提升实体经济的创新力和生产力。具体到传统文化，传统文化所贡献给我们的，不仅仅有思想、模式、规范，而且还有承载思想的具体实物。今天我们关注的，多是思想文化如何与互联网融合，互联网绝对是弘扬、传播中国文化的极好平台，但它也会导致浅阅读、浅思考的后果。通过博客、微博、微信、APP等来传播文化，总体来讲利大于弊。这是一个大的话题，我们期待通过各种探索，使"互联网＋传统文化"成为像李总所说的"最火红的品类"，让我们拭目以待。希望李总能够继续深耕少儿国学教育，真正涵养孩子们的中国心。

孔学堂筑巢引凤，诸子百家学说都可以在此争奇斗妍。

——侯楠

第二十五期

对话侯楠：筑巢引凤，复振国学

贵阳孔学堂位于贵阳花溪国家城市湿地公园中段，总布局分为已建成的“公众教化区”和正在建设的“中华文化研修园”，主要功能为学习、研究、教化、传播中华优秀传统文化，汇聚海内外儒学名家，交流学术成果，开辟国学讲堂，诵读传统经典，演习文明礼仪，兼具典藏与陈列等功能。2014 年 3 月 7 日，习近平总书记在参加十二届全国人大二次会议贵州代表团审议时，专门问及贵阳孔学堂的有关情况，并给予充分肯定。本期沙龙我们邀请侯楠主任与大千先生共同探讨孔学堂的独特定位和时代作用。

■嘉宾　王大千

侯楠　贵阳孔学堂文化传播中心主任

□主持　常强

□首先请侯主任谈一谈,当初开办孔学堂,它的定位与其他儒家的道场有何不同?为什么要做出这样的差异化?

■侯楠:孔学堂的定位与全国各儒家道场最大的区别,在于孔学堂是学堂而非庙堂,重点突出“学”和“研”的功能,孔学堂的宗旨为:坚持“创造性转化、创新性发展”方针,以传承弘扬中华优秀传统文化,培育践行社会主义核心价值观。充分发挥教化、传播、学术研修、文化旅游、产业支撑等功能。

孔学堂在创建之初,我们组织政界、学界多次赴全国知名孔庙、文庙深入考察,综合比较了文献研究、专家意见和实地考察结果,结合贵阳市的实际,形成了《项目考察报告》,发现全国的孔庙、文庙都有一个比较突出的共性功能,那就是祭祀功能,因为他们有历史文化的积淀,这是无法复制、难以超越的,作为经济、文化欠发达的贵州贵阳,我们不能“复古”而是要“复兴”。孔学堂的功能定位于弱化祭祀,强化学习和研修,立足儒家,博采诸子百家之学,是没有门槛的开放式学堂。因为“学”是一种以学生的身份对圣人、对传统文化满怀恩泽的敬畏,是一种对理想信念或者是信仰的虔诚追求,更是一种中华儿女在新时期的历史担当与使命。

□长期以来,云贵地区都被想当然地视作“文化荒原”“文化沙漠”,尤其是相对于传统文化资源非常丰富的黄河流域各省而言,更是如此。二位认为是什么力量促使孔学堂崛起并逐渐变成祖国西南的文化高地?

■王大千:贵州地处我国西南地区,在这块如画的宝地上,兴建起了孔学堂这一文化新地标、新名片,可谓民族的盛事和文化复兴的盛事。在贵州省委、省政府的支持和参与下,孔学堂有了今天的规模和影响力。如果没有魄力、勇气和判断力,如此盛大的文化工程,不可能付诸实施。这还需要决策者的文化自信、文化自觉和文化定力及前瞻力,这充分体现了贵阳在文化上的创造性转化和创新性发展。党中央一直强调,中国共产党是中国传统文化的继承者和实践者。遗憾的是，经过"文革"，总有一部分人对孔子不以为然，横加指责。这种盲目无知的思维和态度，不仅可笑，而且可悲。我们应该为孔学堂点赞！

■侯楠：不可否认，贵州作为西部后开发地区，经济、文化发展相对滞后。孔学堂的兴建绝不是偶然的，它是历史发展进程中的产物。一是"弘扬中华优秀传统文化"已经成为国家战略。按照党中央一系列弘扬中华优秀传统文化的指示精神，以及习近平总书记若干次关于弘扬中华优秀传统文化的重要论述；中共贵州省委、省政府认真贯彻落实中央精神，提出"构筑精神高地，冲出经济洼地"的战略部署，以积极建设和培育社会主义核心价值观为出发点，全省人民正鼓足干劲，奋力拼搏，努力实现后发赶超。

二是"强化道德，重塑文明"已经成为人民的呼声。"国无德不兴，人无德不立"。国家和民族的强盛、社会的繁荣与稳定总是以文化和道德文明的兴盛为支撑的。2011 年时值贵阳创建全国文明城市的关键年份，面对社会道德下滑、文明紊乱的现实，树立当代道德文明，促进社会繁荣稳定，既是创建文明城市的当务之急，也是实现中华民族伟大复兴的关键所在。当代道德文明的建树绝不可凭空想象，绝不是空中楼阁，它需要一种能被国人普遍接受的道统文化来支撑，这个道统就是以儒学为代表的中华优秀传统文化。建设孔学堂并以此为载体，古为今用、推陈出新，将中华优秀传统美德与现代社会相融合，构建当代道德文明，践行社会主义核心价值观，是响应人民呼唤的时代举措。

三是构筑精神殿堂已经成为城市功能不可或缺的现实需求。贵阳市作为后开发地区，出于历史的原因，相当缺乏大型文化传播平台。贵阳屈指可数、比较知名的阳明洞、甲秀楼、文昌阁、三元宫等也只是明清时期留下的楼台亭阁而已。它们在功能上、承载能力上已经不能满足现代人对文化传播方式的需求。贵阳作为省会城市，无论是从文化的繁荣发展来说，还是从城市的功能布局以及老百姓的文化需求来说，都有必要建设一个气势恢宏、承载量更大的文化载体，以作为传承中华文明、提升公民道德素质、提升城市品位、构筑精神高地的助推器。

四是将阳明文化发扬光大的责任已经历史地落在了贵阳肩上。约 500 年前明代王阳明贬谪贵阳龙场，在此参学悟道。受到世界奉扬的阳明精神，知行合一、致良知的心学理论如何与当代社会结合并发扬光大，学界的目光聚焦在贵阳，学者的步履追逐到贵阳，希望贵阳作为龙场悟道的发祥地，在弘扬中华优秀传统文化方面做出贡献。贵阳，重任不可推卸。

■王大千：您提到了大儒王阳明，他可是古代贵州的一座文化高峰啊！王阳明曾于明武宗时被贬到贵州龙场。在贵州期间，他利用书院开坛讲学，进行哲学启蒙教育；对当地"土民"进行了教化，以推广社会化教育；他还改进教学方法，为贵州培养了大批文化人才。王阳明的这些做法，对贵州教育做出了非常突出的贡献，起到了积极的作用。

□从弘扬中华优秀传统文化的角度来说，孔学堂的作用越来越不容小视。孔学堂兼容并蓄，各家学说都可以在此争鸣。请教侯主任，在内容甄选上，我们有没有标准或原则？或者说，对于各种思想学说，我们有没有门槛？毕竟，孔学堂不是党校，也不是佛寺、道观。

■侯楠：孔学堂筑巢引凤，诸子百家学说都可以在此争奇斗妍。我们始终坚持党委、政府主导不动摇，把好学术研修、文化讲座的入口关，只要是优秀的传统文化精髓，只要不背离社会主义核心价值观的言论，都可以登坛筑学。

两年多来，孔学堂大力弘扬中华文化思想精华、道德精髓，努力做到以文化人、以文育人。作为孔学堂品牌文化活动之一的传统文化公益讲座，我们积极与国际儒联、孔子学院总部、海内外知名高校国学院、书院、文学院等学术机构联系，依托入驻孔学堂研修园的高校院所师资，整合学术资源，形成了自己的讲学专家库，做到年年有计划、月月有主题、周周有讲座。根据每月主题遴选出在某一领域上有所建树、内容积极健康、语言通俗易懂的课题，主要集中在双休日、节假日登坛讲学，市民可根据自身需要进行选择报名，免费参与。

□王秘书长怎么看孔学堂的这个定位？

■王大千：孔学堂的定位，显示了设计者对顶层设计的高度重视。这不是一个以祭祀为主的场所，而是一个以教化为功能的道场，这就让传统文化"活"了起来。在古代，书院具有教化的功能，今天孔学堂拥有如此大的规模，理应集合古代书院的优势于一身，更好地发挥它的作用。从风格上来讲，孔学堂没有复制明清建筑风格，而是以汉唐那种古朴大气的建筑风格作参考，这就有了一个大的心胸和气度。我们大家都知道，汉唐是古代中国最辉煌的时代，也是中国国际化程度最高的时代。这样的建筑风格也要求我们以国际化的视野、宏阔的视角、包容的心态把孔学堂做大做强。

孔学堂不单单是一个地标，更是一个文化道场，一个文化高地。尤其是贵州，有四十多个少数民族，各个民族都有自己的文化和习俗，如何满足少数民族的需求，如何增强各民族之间的凝聚力和向心力，如何维护各族之间的“和而不同”，同样值得我们深思。“近者悦，远者来。”只有让身边的人满足了、高兴了，远方的客人才会愿意来这里做客。所以，我们期待孔学堂的发展可以稳步进行，有秩序、分层次地展开。

□当前，在社会各界尤其是高层领导的关注下，孔学堂的发展步伐非常快，活力越来越大。我们知道前期政府扶持和企业资助的资金非常多，孔学堂也成立了发展基金会。孔学堂有没有自身盈利的打算？侯主任，您认为孔学堂自身如何实现可持续发展？

■侯楠：关于孔学堂自身如何实现可持续发展，兴建之初，我们就考虑到这一问题，经过不断的考察论证，按照“创造性转化及创新性发展”的指导思想，孔学堂在建设及管理上形成了省市共建共管、部门协同建设、社会广泛参与的格局。为了不给财政增加负担，创新实现“民建公营”的模式，即本土的民营企业捐资建设，政府派出机构进行管理。孔学堂正探索“两条腿走路”的模式，一条走公益，一条走产业，以公益推动产业的发展，以产业的发展为公益注入不竭动力，从而实现可持续发展。故此，2013 年 12 月成立孔学堂发展基金会，2014 年 11 月成立孔学堂文化发展股份有限公司。截至目前，孔学堂发展基金会已募集资金(含认筹)2 亿余元，孔学堂文化发展股份有限公司注册资金 5000 万元。我们有足够的理由相信，孔学堂定能实现健康稳定的可持续发展。

□请王秘书长介绍一下中国孔子基金会基金的募集情况。

■王大千：中国孔子基金会的基金募集是从曲阜开始的。早在 20 世纪 80 年代，曲阜各界人士听到孔子基金会成立的消息后，都踊跃捐资赞助。建会之初，曲阜保宁村青年农民高玉和将自己多年积蓄的 1 万元人民币慷慨捐赠给了基金会，表现了孔子故里的人民群众对弘扬传统文化的支持。三十年来，除了国家和地方政府资助的经费外，向基金会捐款的单位和个人遍布海内外。早期捐款较多的知名人士有包玉刚先生、王光英先生、李嘉诚先生、希腊船王乐济世先生等；近年来许多企业、机关、学校等机构都曾向孔子基金会捐赠。总体来讲，基金会基金以国家财政拨款为主，也吸收其他民间捐赠。我们有基金部，也会选择性地参与社会投资，用于基金的保值增值。基金会的所有收益，都用在中国传统文化的普及传播和学术研究上。

□孔学堂格外突出讲学功能。历史上，曾涌现出许多知名的文化道场，如稷下学宫、岳麓书院、白鹿洞书院、东林书院等。但最后出于各种原因，它们都销声匿迹了，今天许多道场又开始呈现复燃之势。二位认为孔学堂如何能保证长时间的繁荣盛况？如何能够保证始终为人所关注、所支持，从而避免“一阵风”，跳出文化道场的“历史周期律”？

■侯楠：首先，孔学堂的建设与发展赶上了最好的历史时期。随着中国国际地位的日益提升，历史悠久、博大精深的中华文化逐渐走上国际舞台，自党中央十八大提出“建设优秀传统文化传承体系，弘扬中华优秀传统文化”的指示精神以来，无论国家层面还是地方政府，都高度关注传统文化的发展与传播，这充分说明孔学堂的发展与繁荣得天时。

其次，孔学堂具有特定的区位优势与历史使命，是新时期历史的产物，具有不可复制性。距离省城贵阳不足30公里的修文龙场，曾是明代大儒王阳明的参学悟道之地，其阳明精神——知行合一、致良知的心学理论在贵阳影响颇深，此由贵阳的城市精神——“知行合一，协力争先”可见一斑；贵阳作为全国文明城市中的省会城市之一，无论是从文化的繁荣发展来说，还是从城市的功能布局以及老百姓的文化需求来说，都有必要建设一个气势恢宏、承载量更大的文化载体，以作为传承中华文明、提升公民道德素质、提升城市品位、构筑精神高地的助推器。这充分说明孔学堂的发展与繁荣得地利。

再次，孔学堂作为省市重点文化惠民工程，教化传承效果显著。自对外开放以来，孔学堂大力弘扬中华文化思想精华、道德精髓，努力做到以文化人、以文育人。公益讲座方面，主要集中在双休日、节假日举办，做到年年有计划、月月有主题、周周有讲座。迄今共举办260多场，累计听众达11余万人次，许嘉璐、王蒙、杜维明、成中英等名家名师均已登台讲演。教育培训方面，主要从社会、学校、干部三个层面展开。社会层面，在六艺学宫开展诵读经典、练习书法、演习礼乐等活动；设立省、市“道德讲堂总堂”，以讲述身边人、身边事的形式感动民众、教育民众。学校层面，编写国学教育读本，纳入全市幼儿园、小学及初中课堂，累计发放45.8万余册。干部层面，借助“道德讲堂”，开设“官德教育”专题讲堂，提升党员干部的道德素质。传统礼仪方面，重点打造“筑城四礼”文化品牌，组织开展“开笔礼”“成人礼”“中华婚礼”“敬老礼”等传统礼仪活动，引领大众遵循中华礼仪文明，践行优秀文化传统。民俗活动方面，定时、定点举行春节、清明、中秋、古圣先贤祭（诞）辰等“我们的节日”民俗文化活动；免费为市民奉上精神大餐，在社会上赢得广泛赞誉。这充分说明孔学堂的发展与繁荣得人和。

总之，倚天时、据地利、附人和，我们坚信，在党中央的亲切关怀和人民群众的大力拥护下，只要一代代孔学堂人始终不忘传播与弘扬优秀传统文化之使命，秉承“信、敏、善、毅”的堂训，沉下心来不懈努力，孔学堂这一利国利民的文化事业就一定会得到更多的点赞，从而逐渐走向繁荣。

■王大千：孔老夫子正向我们迎面走来，孔学堂带给我们好多的看点，也留给我们好多的期待。我听说孔学堂已经拥有了自己的杂志《孔学堂》和孔学堂书局，还有网站等新型传播方式。文化的活力和魅力，都来自传播。我之前是做传媒的，我了解做传媒的人，一定要学会引导人，要告诉人们是非善恶，要强化人们的敬畏之心，要回应社会的期待，要满足百姓的关切。我一直强调，弘扬传统文化，要做到“五化”：生活化、社会化、现代化、年轻化、国际化。只要我们做到这几点，就是真正的与时俱进，就能迸发出持久的活力和激情。

□孔学堂在与国内外其他文化机构、国学社团等互动上，有何规划和打算？请简单谈一谈。

■侯楠：孔学堂与国际儒学联合会、国家汉办（孔子学院总部）、中国人民大学、复旦大学、浙江大学、武汉大学、中山大学、南京大学、四川大学、台湾世新大学等知名学术机构及大学签署了战略合作协议，部分专家学者和博士已陆续入驻研修园，开展学术交流、研究著学；同时，积极与中国孔子基金会、中国孔子研究院、北京孔庙和国子监博物馆、岳麓书院以及台湾中华文化总会、香港孔教学院等机构展开交流与合作。国务院台办于 2014 年 9 月 24 日在孔学堂设立海峡两岸交流基地并挂牌，为两岸传统文化的人文互动搭建了良好平台。此外，我们设立有“孔学堂学术创新奖”“孔学堂文化推广奖”，定期举办孔学堂四季论辩大会等各类学术活动，2015 年孔学堂春季论辩大会“现代法治与礼法传统”已成功举办，受到学术界的一致好评。第三届全国儒学社团联席会、首届中国孔学堂图书博览会等重大活动在此举办。今年，将会陆续开展一些国际、国内有影响的活动。

■王大千：关于儒学发展的模式问题，有一个观点，我觉得很好，就是官、学、企三结合来推广、弘扬儒学，也即政府、企业家和学者凝成一股力量，共同推动传统文化的研究、传播。孔子基金会在未来也将继续加强与各国学社团、文化团体、研究机构的沟通协作。尤其值得注意的是，在互联网化时代，我们也要利用先进的科学技术成果，全方位、高效率、多元化地做好传统文化的研究及普及推广工作。

我也常说做事先做人。做销售，在我们行业中我并不一定是最好的，但绝对是最有良心的，对客户、对消费者都是如此。

——廖华南

第二十六期
对话廖华南:有书不读子孙愚

编者按:如何把有效的教育与好的文化产品结合起来,这是廖华南与他的品牌——“读书郎”一直在探索的一个话题。从零开始,一步一个脚印,先做人再做事,正是这种执着的精神和敬业的态度,使得读书郎的品牌影响力越来越大。碎片化阅读时代,文化产品供应者的着力点和方向在哪里?本期沙龙,我们试着给读者带来一些启示。

■嘉宾　王大千

　　　廖华南　济南读书郎工贸有限公司总经理

□主持　常强

□您曾把"读书郎"式营销总结为一句话:做销售就是做人,并认为做人好,销售就能做好,真的有这么绝对吗?可否详细解释一下这句话?

■廖华南:我是做传统渠道销售的,在山东代理"读书郎"品牌的系列产品,非科班出身。但说到销售,对我来说就是把人做好。做事先做人,很多人都会说,但有几个人能真正做好?一个人真能把自己做好,那他方方面面都会很强:有思想、有学习精神和学习能力、有毅力、有亲和力、更有胸怀,这样的人他不会唯利是图,是想做事的人,只要认准了,他就能兢兢业业、踏踏实实地把一件事做好。我这十多年就只做了""读书郎""这一件事,和山东各地的 19 个代理商合作都在 10 年以上!

我也常说做事先做人。做销售,在我们行业中我并不一定是最好的,但绝对是最有良心的,对客户、对消费者都是如此。我对自己、对员工最基本的要求,就是要把人做好,对我们的合作伙伴能够做到共赢、共进退、共发展,给我们的消费者提供优良的产品、优质的服务。只有这样,我们的企业才能发展得更长久、更健康、更安全,我才能为我的员工提供更好、更大的平台,让他们与企业共同壮大。这也是我们的企业文化。

对我来说,做人好,销售就一定能做好,这是绝对的,我一直在努力中!王秘书长是我做人的榜样,您的风度、气质、学问都是我所敬仰的,更重要的是您做人也做得很好!

■王大千:廖总过奖了。立业先立德,做事先做人。其实做任何事情,都是从做人开始的。古往今来,对人的要求,无不以做人为根本。《大学》里说"自天子以至庶人,壹是皆以修身为本",儒家也一直以"修身、齐家、治国、平天下"为培养人才的基本路径。我们看那些把企业做大的企业家,其本都是做人的成功典范,大企业的领导者,相当多的人都是儒商。这个方面历史上的例子不胜枚举,我们理当坚守这一点。

□请廖总结合“读书郎”的产品谈一谈，教育类电子产品对少年儿童的吸引力何在？对他们的成长会起到怎样的帮助作用？

■廖华南：学习从来不是一件轻松的事情，特别是在我国目前的教育环境下，孩子有多辛苦，压力有多大，相信作为家长的我们都是深有体会的。很多孩子的学习成绩不理想，也许并不是因为学习态度的问题，而是学习方法的问题。而“读书郎”产品对孩子的吸引力，主要来源于以下几个方面：

首先，与课本完全同步的课程，独创的三步学习法，通过学、问、考的方式，帮助孩子更快、更准地掌握学习重点。孩子课堂上听不懂、理解不深的问题，可以通过“读书郎”教育产品来填补，学习不求人，随时随地有一个贴身的一对一的辅导老师。其次，将知识点通过动漫、游戏、竞赛的方式展现出来，激发孩子的学习兴趣，加深对知识点的理解，通过寓教于乐的方式，为孩子打开一扇通往学习乐园的大门。知之不如好之，好之不如乐之，培养学习兴趣很重要。再次，优质、全面、权威的教育资源，让家长更放心地将孩子交给“读书郎”电子教育产品，让孩子学起来更安全。

“读书郎”产品从早教系列产品到全学科点读机，从学生电脑到学生平板电脑，每一个品类的研发，都紧紧贴合了孩子不同年龄段对学习的不同需求，并非一成不变。如果要说“读书郎”产品能给孩子带来哪些帮助，就是帮助没有学习兴趣的孩子找到学习的乐趣，帮助没有找到好的学习方法的孩子找到高效、正确的学习方法，让学习变得简单、轻松、愉快，让我们的孩子充满自信，变成学习的乐之者。

□“读书郎”也会参加一些社会公益活动，请问咱们在关注未成年人成长上，有何具体的做法和行动？

■廖华南：多年来，“读书郎”做了一些力所能及的公益活动：关心留守儿童、给福利院儿童送温暖、资助贫困生、为贫困学校捐助图书等；与团省委、教育厅等部门连续多年开展纯公益的英语口语大赛、科普实验大赛等活动。

英语口语大赛旨在提高各年龄段学生的英语口语水平，培养学习英语的兴趣，锻炼学生上台展示自己的勇气；科普实验大赛则是锻炼和培养学生的动手能力及创造力，涵盖了物理、化学、生物、天文等一系列科学实验，为此，“读书郎”捐赠了大量的实验器材，让山东各地的学生都能免费参与进来，尤其对一些贫困山区的学校更是大力支持。这两项公益活动也成了团省委所属的青少年活动中心的品牌公益活动，有很好的社会反响！

做事先做人，做公益更要先做人，“读书郎”除了会继续不断地参加社会上的公益活动外，还要把企业做好，做有良心的企业，做能承担社会责任的企业，号召全体“读书郎”人有公益心，把公益也做成是我们“读书郎”义不容辞的事业。

□“读书郎”的电子产品，在普及传播中华优秀传统文化上，有没有刻意注重这方面的内容？从市场反馈来看，传统文化受欢迎的程度怎样？

■廖华南：我们出生在中国这个具有五千年文化底蕴的国家，中华优秀传统文化是我们每个中国人的骄傲，“读书郎”作为电子教育专家与领导者，不论是企业本身，还是所生产的产品，在普及中华优秀传统文化上都有着不可推卸的责任与义务。当然，“读书郎”也非常乐意致力于传统文化教育与传播。因此，“读书郎”不管在技术层面、功能、教育资源方面再怎样追求先进与时代感，总是会将中华优秀传统文化作为不可取代的一部分，融入到产品中。

近些年来，越来越多的家长也开始重视起传统文化教育，从近两年来国学节目的受欢迎程度就可见一斑。在我身边，也有很多朋友将自己的孩子送到国学教育学院，或是参加各种各样的国学培训班，让孩子接受中国传统文化教育的熏陶。而“读书郎”产品针对不同年龄段的孩子，设计了不同的学习传统文化的方法，符合孩子的学习、记忆习惯，让孩子更简单、更轻松地学习与理解中华传统文化，特别是正在接受学前教育孩子的家长，对这部分内容的认可程度非常高，并经常提好多丰富传统文化内容的建议。

□有人说碎片化阅读使思考变得奢侈，导致人类思维水平的下降。对此，二位怎么看？

■廖华南：碎片化阅读是移动互联网时代发展的产物。十几年前，我们的信息大部分源自电视、报纸，但十几年后的今天，我们通过手机、电脑、电视等借助移动互联网，能更加快捷、准确地获取海量的信息，由此就产生了很多关于碎片化阅读让人变得懒惰了的说法，因为不再需要思考、不再需要背诵大量的经典，有需要时只需打开网络，通过搜索就可轻松找到自己想要的内容。因此，有人认为：碎片化阅读使思考变得奢侈，导致人类思维水平下降。但我认为，碎片化阅读跳跃性很大，只要我们经常把碎片化阅读所获得的有用知识点连成片，把无用信息摒弃掉，就需要不断的思考和敏捷的思维，那我们的思考何来奢侈之说，思维水平只会不断提高；反之，就会导致思考变奢侈、思维水平下降。就像电脑硬盘一样，文件删了又存，哪里有空就存哪里，断断续续存放在一个不连续的空间，犹如碎片，文件一多，不整理（相当于大脑不思考），电脑就会越来越慢（相当于思维水平下降），但只要经常开启碎片整理功能，就能让它达到最优。因此，对于愿意思考的人来说，通过碎片化阅读获取信息后，他会下意识地整理，思维会更加活跃；对于平时就不愿意思考的人来说，思考本来就很奢侈，与是否碎片化阅读无关。

我很喜欢收藏古玩，已有近万件藏品，每件藏品都向我讲述着它的历史、表达着它的文化，犹如我碎片化阅读了近万段信息，但我乐于整理，经常沉浸在这一段段历史中，努力理顺它们，我从中感受到了我们中华民族五千年历史文化的博大精深，很是自豪！由此看，碎片化阅读对我而言，是让我不断思考的源泉，让我的思维越来越清晰、敏捷，知识容量也越来越大！

■王大千：从人类的阅读史来看，碎片化阅读具有空前的普世性，它使阅读不再成为一项特权，每个人都享有此项权利。相比以往的木简、羊皮书、纸质书，电子阅读器更便于阅读，理论上所有的知识、信息都能让人们共享，这对当下社会的建设具有积极的意义。

但是，碎片化让阅读变轻的同时，也让真正有效的阅读变得艰难，对个人的要求也越来越高。每天面对汹涌而至的信息，如果我们不想成为被动的接收器，就必须具备更高的理性思维能力和判断能力。传统书刊本身含有一定的逻辑性，而碎片化阅读则是散乱无序的，读者自身还需要加以整合，把信息提升为知识。个人在参与群体交流时，如何不为流行的群体性情绪所左右，能作出自我分析、决断，这是非常重要的。否则，我们就会变成一只无头苍蝇，在信息海洋中茫然不知方向。做信息的主人，而不是信息的奴隶，这正是碎片化阅读应该具有的重量所在。

□李克强总理在政府工作报告中指出，要倡导全民阅读，建设书香社会，二位对书香社会有何畅想？

■廖华南：有田不耕仓廪虚，有书不读子孙愚。阅读可以丰富我们的精神世界，可以开拓我们的眼界，提高我们的层次。书香社会实现后，书本变得唾手可得，不会只出现在学校、图书馆、书店，社区、广场、餐厅、商场的休息区，甚至公交车站等候区都会现出书本、报刊的身影，成为公众设施的一部分；家长送给孩子的礼物不再只是玩具、衣服，而是每天陪孩子一起看一本有意义的书；每到周末，图书馆和书店会成为人气最旺的场所，随处可见捧着书本阅读的人。

书香社会是由每个书香家庭构成的，为了早日迈入书香社会，我们需要从自身做起，养成阅读习惯：在家里，营造出阅读的氛围，并有意识地引导孩子学会阅读、乐于阅读；在公司，鼓励员工将阅读作为生活的一部分，并将阅读当作员工福利的一部分，同时，多举行一些阅读活动，让大家享受阅读！

值得高兴的是，我家已初步具有这种氛围：女儿和妈妈每天都会有一起看书的时间，我一回家就能看到她俩捧着各自的书本，专心致志地看，这种场面很是温馨，我有醉了的感觉，现在我也常和她们坐在一起阅读。阅读能使家庭更和睦！期待书香社会的早日到来！那时阅读一定是一种时尚，到处书香弥漫，国民素质高，充满生机。

■王大千："有书不读子孙愚"，这句话说得好！2015 年"两会"的政府工作报告提出"倡导全民阅读，建设书香社会"，把读书这件原属于私人的事务提升为公共关切和社会目标，引起"两会"代表热议，赢得网上网下点赞。此举非常具有现实针对性，深蕴中国传统文化理念，彰显了党和国家对"书香"之作用更趋成熟的认知和把握。建设书香社会，我们不能等，但也不能太着急，"欲速则不达"。文化事业发展的特殊性，要求我们必须遵循客观规律，同时还要兼具热情与冷静。

书香社会应该是一个把学习当作信仰、使读书成为习惯的社会。试想，若是疲于奔波的生活节奏让我们无暇读书，捉襟见肘的薪酬收入让我们没钱读书，庸俗唯物的铜臭风尚让我们觉得读书无趣，就算硬件设施再完备，金钱财力再充沛，终究也免不了"身强力壮，东张西望；腰包鼓鼓，六神无主"。所以，我们的祖先为我们留下了这么多的宝贵书籍，我们要认真读、仔细读，同时也要注重方式方法，学会筛选，形成自觉，只有这样，书香社会的到来才不是一句空话，才不会是一场梦。

马树峰 图

儒家文化与家居文化不是耳提面命的填鸭传授，而是耳濡目染的潜在教化。

——卢克岩

第二十七期

对话卢克岩：合天地之气，扬儒家风范

编者按：在今天如何实现儒家文化的生活化，一直是大千先生思考的一个重要问题。为此，他从社会生活的各个方面入手，研习儒家文化的落地情况，并鼎力支持以儒家文化为题材的文化产业的探索与发展。“天地儒风”便是大千先生极为看好的一个企业文化品牌。本期对话嘉宾，我们邀请了“天地儒风”创办人卢克岩，请他谈一谈他与红木家具、儒家文化的缘分和感情。

■嘉宾　王大千
卢克岩　红木文化专家、“天地儒风”创办人

□主持　常强

□卢总是怎样与红木结下缘分的？

■卢克岩：大学时期学的是室内设计专业，与家具算是密不可分。毕业后在北京、上海从事家具与室内设计工作，并多次参与了七星级精品酒店的设计工作。自己创业后，从事的是传统明式家具的传承与创新，红木正是明式家具的主要用材之一。

□您企业的品牌叫“天地儒风”，为何选择这个名字？请解释一下它的含义。

■卢克岩：“天地儒风”即“合天地之气，扬儒家风范”。儒者，中庸、忠恕之道也。思精而践履，当以中和为上，尚天人合一，“致中和，天地位焉，万物育焉”。归其本，乃倚天地本真，效自然物化。

家具木器，自秦汉以来琳琅繁多，然形神备具者，当首推明代。其形流曲直之畅，呈方圆之美；其神从文质风雅，达铮铮之韵。形致其外，敛藏于心；承天象地，道法自然。以器物之和美，释儒家“经世致用”之实学，是谓“合天地之气，扬儒家风范”。作为生长在齐鲁大地的炎黄子孙，我们应该感到无比骄傲，同时也必须肩负起传承发扬儒家文化的重任。器以载道，我们应找回传统仕族谦谦君子的生活方式，为中华民族的伟大复兴贡献自己的力量。

□二位怎么看儒家文化与家居文化的融合？

■卢克岩：儒家文化博大精深，历久弥新，对我们当今社会的方方面面都有着规范、引导的作用。这里面当然也包括家居文化。儒家“修齐治平”的思想即十分精辟地反映了家居、出仕等方面的文化诉求。又如《论语》中孔子赞许颜回“一箪食，一瓢饮，在陋巷”。这种极简而朴素的家居文化追求，在物欲横流、奢侈当道的今天，仍然发人深省。儒家文化与家居文化不是耳提面命的

填鸭传授，而是耳濡目染的潜在教化，即以有精气神的传统中式家居空间唤起人们对传统文化的重视。

■王大千：儒家倡导人要做一个堂堂正正的谦谦君子。君子就是要充满正能量，有担当、有作为，是仁义礼智信的活载体。我在我们孔子学堂举办的诸多活动上，多次讲过，孔子学堂要倡导一种“堂文化”，就是堂堂正正做人的文化。你看我们传统家庭，其实到处都充满儒家文化的气息。在堂屋，有中堂，有太师椅。中堂上如果是书法，必定体现的是儒家理念；如果是画作，则也多和睦亲、孝老、吉祥等主题相关。再看太师椅，我们坐在上面，不一定感觉到很舒服，但你会有一种敬重、肃严的感觉，没有人会在太师椅上懒散地坐着，它就是要让人有一种郑重的感觉。所以，今天我们倡导中式家居，其实就是要使儒家文化生活化、接地气。

□今天，中国出现普遍的复古之风，中国传统文化元素与我们现代生活融合得越来越紧密、越来越自然得体。二位怎么看待这种“中国风”的流行？

■卢克岩：随着社会的发展，人们越来越意识到传统的重要性，这当然是件好事。但是我们也应该清醒地认识到，所谓的“中国风”的流行，很大程度上只是利益的驱使和市场的盲从所致。许多提倡“尊儒尚道”的号召只是口头工夫，从未在行动上真正践行。大多设计机构及中式家具企业，只是不加选择地照搬先人经验，或是矫枉过正，追求“设计感”而盲目修改，对于传统木作及家具背后深厚的文化内涵却一知半解甚至一窍不通。我们一定要警惕“现代商业文化化”等将传统文化形式化、符号化的文化绑架行为，真正做到言之有物、溯本求源，深刻理解学习传统文化的精神，并与我们的现实生活相结合，创新性地传承和发扬传统文化。

■王大千：儒家特别注重思想文化发展的历史延续性，所谓“中国风”，原本就是我们祖先世世代代的一种最基本的生活方式和行为规范。20世纪，由于“打倒孔家店”及“批林批孔”等历史影响，我们与传统的关联几近彻底断裂，一直到“文革”以后，传统文化才迎来复苏的新气象。我们希望“中国风”不是“刮”一阵子，而是带给人“随风潜入夜，润物细无声”式的长久而温润的影响。当然，我们也要做好传统文化的创造性转化和创新性发展，使传统文化理念能够在新时代开花结果，落地生根。

□再问卢总，当下“国学热”的大势，对于您所从事的产业有着怎样的实际影响？对于未来的产业规划，您有何想法？

■卢克岩：由于“国学热”，新中式家具遍地开花，红木家具的价格节节攀升。古典家具市场竞争激烈，市场交易量巨大，古典家具生产企业的水平与实力参差不齐。但产业发展总体趋势向好，由于接触到的知识愈加全面和专业，消费者也越来越理性和专业。

近年来，红木家具的受众群体呈现出越来越多样化的趋势，相较之下，具有一定经济实力和较高的文化品位的人群更热衷于红木家具。大多数客户都是由于喜好传统文化而选购中式家具。但是有些人的喜好仅仅是浮于表面，或者是“随大流”。发挥空间感染力，通中式空间系统解决方案，室内设计、家具陈设、琴棋茶香的实际体验与使用，提高客户对于中国传统文化的自信与自觉，正是我们努力的方向。

“天地儒风”现已注册终端零售品牌“物本木器”。未来三年争取实现全国一线城市九家店，以“中式空间系统解决方案”为核心竞争力，专注“家”国情怀，引领生活方式，让老百姓更真切、更实际地感受传统器物所带来的传统文化魅力。思维创造价值，设计改变生活。“天地儒风”将以更严苛的标准来自我要求，为客户奉上更优秀的作品。

魏启后　图

传统陶瓷代表了手工业的发展脉搏，代表了人们对生活富裕安康的美好向往，以及对改变自然创造美好生活的一种期待。

——苏希敬

第二十八期

对话苏希敬：做一个有文化传播力的陶瓷企业

编者按：从长期停滞发展的落魄国企，到充满生机活力的知名民企，福泰陶瓷在完成了华丽的蜕变后，正以其精准定位、过硬品质、良好口碑，走在打造国窑品牌的康庄大道上。那么，福泰陶瓷的特色与亮点在哪里？出路与规划是什么？陶瓷文化背后的文化内涵又在哪里？本期访谈我们邀请到了福泰陶瓷董事长苏希敬，请他畅谈福泰陶瓷的光荣与梦想。

■嘉宾　王大千

苏希敬　中国陶瓷协会副理事长、山东福泰陶瓷有限公司董事长

□主持　常强

□首先请问苏总，淄博市打造国窑品牌和咱们福泰发展国窑品牌的思路是什么？优势又在哪里？

■苏希敬：在淄博市政府与陶瓷行业协会的主导下，当代国窑的品牌战略是对淄博市陶瓷一次产业升级的战略性规划。在历史上，淄博陶瓷拥有国内少有的多种陶瓷产业布局，依托了原有国有企业在创新上与产业升级方面的基础，主要体现在百花齐放的陶瓷产业及材料创新上。进入 21 世纪，淄博陶瓷又一次进入多元化的发展阶段，国窑品牌的打造是淄博陶瓷的一次集体亮相，也是淄博陶瓷一次产业升级的诉求。

福泰陶瓷作为淄博传统陶瓷企业的代表，在国窑陶瓷品牌的新业态下，努力谋划以创新为发展重点的战略。一是企业产品创新与传承结合，福泰着力于传统工艺与现代设计的结合，研发具备新一代陶瓷发展趋势与工艺提升技术的新产品，包括传统福青瓷和传统文化符号的产品。二是企业向文化产业转型，通过把文化与陶瓷结合，再推向文化设计端，在家居、文化衍生品及陶瓷文化展览上，把陶瓷文化业态的三个点结合，推进陶瓷文化艺术的交流和市场认可度。福泰正是通过国窑的文化品牌，服务于大众，引领陶瓷文化的市场和交流，形成市场化的陶瓷文化服务链，这是未来福泰在国窑文化发展战略上的核心思路。

□福泰陶瓷以国画与陶瓷结合的方式制作工艺品，实现了国画、国窑、国瓷的有机结合。当初这一创意是如何落地的？这一做法在市场上有何影响？

■苏希敬：从陶瓷绘画这一领域来讲，历史久远。但国画在陶瓷上面呈现，则是一种新结合，需要从技术和材料方面进行研发突破，国画对色彩的表现以及对介质的发挥都影响了国画与陶瓷的有机结合。福泰陶瓷在这一领域从多年前开始入手，从技术工艺研发试验，到吸引到更多的国画家进行创作，

都提升了陶瓷绘画领域的宽泛度，拓展了陶瓷在文化艺术市场领域的认知度和接受度。这是我们的想法落地的初衷，同时也满足了人们对陶瓷艺术品的多元化需求。

□福泰陶瓷的产品定位以中高档为主，但凡定位中高档的产品，多与文化相关。您是如何将文化尤其是传统文化元素融入产品的？

■苏希敬：传统文化中陶瓷是极其重要的一部分，历史上任何时期都可以从陶瓷上来挖掘其文化影响力，传统陶瓷代表了手工业的发展脉搏，代表了人们对生活富裕安康的美好向往，以及对改变自然创造美好生活的一种期待。福泰陶瓷到现在已经有 60 年的历史了，我们很多经典的设计都源自文化表达，如福字瓶、福青瓷等。很多文化元素的应用，其实都是一种设计的再创作过程，为此我们与高校合作，与专业设计团队一同研发产品，通过一系列的陶瓷文化产品来引导消费市场的需求，打造出了福泰文化陶瓷产品的形象。

□请王秘书长再谈一谈儒家文化对陶瓷艺术的影响。

■王大千："中和"是儒家美学所追求的一种境界，子曰："质胜文则野，文胜质则史。文质彬彬，然后君子。"(《论语·雍也》)儒家美学的这一观点，对中国陶瓷艺术创新具有重要的指导作用。国外现代陶瓷艺术创作观念自传入中国以来，不可否认给中国的现代陶瓷艺术创作带来了新鲜的活力，但是也带来了一些过于偏执的创作观念，如过于夸张地追求形体塑造，或者过于夸张地追求装饰效果。当然陶艺创作的自由，注重关注内心情感的诉求、追求精神的释放等观点，要求现代陶艺创作可以随心所欲、无拘无束，可是有时在这些观念指导下创作出的作品没有给人以审美的愉悦。

成功的艺术品应该既给人以"感性的快适"，又给人以"理性的满足"，这与儒家美学的"中和"论是不谋而合的。这不就是中国现代陶瓷艺术创新的一条出路吗？创新就在我们自己眼前，孔老夫子也说过"温故而知新"，所以中国现代陶瓷艺术的创新应该立足于儒家文化的审美要求，做到"文质彬彬"；当然，这不是要求所有的创新都遵循儒家文化的一个审美准则，但儒家文化的审美标准对中国现代陶瓷艺术创新还是有很好的启迪作用的。

□儒家文化是中国古代社会的主流意识形态，属于思想层面的文化。陶瓷原本属于器物，儒家的理念从理论上讲应当是与器物艺术相通的。

■王大千：可以这么讲。儒家提倡仪礼，讲究“仁义礼智信”，因此陶瓷器物的成器标准是为考察其能否表现“礼”的价值，官方或者民间岁时节令、庆典仪式所用礼器或者墓葬所用铭器等都认为是合理的，反映出统治阶级的等级观念和民间工匠造物的智慧与技巧，他们甚至推崇各种毫无实际功用的烦琐的装饰纹样和细节，以及极尽豪华奢侈之能事的奢侈品陶瓷器物。另外，孔子所说的“文质彬彬”，除了表现君子内心的平和质朴及外在形象的风度翩翩的统一和谐以外，在陶瓷器物的制造、鉴赏、交换和收藏等环节也同样强调了造物的标准问题。所以，理念与艺术实践是相通的。

□福泰陶瓷致力于传承千年陶琉文化，做文化产业，首先要有一种文化情怀，请问苏总：是什么样的情怀支撑着您的热情和梦想？您对未来有何规划和构想？

■苏希敬：我从小生活在福山，生活在以陶瓷为主要产业的镇上，工作也在福山陶瓷厂，对陶瓷的情怀，其实就是对乡土田间文化的一种眷恋，当然这也要有一种激情来推动梦想，那就是对陶瓷的一种热情。我们地处山东淄博的陶瓷产业集群之中，当年原有企业在转型中遇到了很多困难，但我们凭借毅力和智慧，都克服了。福泰陶瓷从原有的规模化产业向精细化品牌以及陶瓷文化的转型，是符合陶瓷产业的发展规划的。时至今日，我们一直在为陶瓷文化的传承与发展努力着并将坚持下去。

未来，陶瓷产业的升级诉求更加明确，技术工艺是任何一个立足于市场的企业所必备的核心竞争力，而文化的支撑要比过去十年更加丰富。做大品牌是一个阶段，品牌向文化传播转化又是一个阶段，文化渗透力的影响反过来会决定企业的高度。所以，在未来，我们将致力于做一个文化传播力持续增长的陶瓷产业代表，这是我们的规划。

■王大千：著名收藏家马未都先生曾说，陶瓷文化是无中生有，玉文化是有中生无。陶瓷原本并不存在，是我们的想象，使它们生产出来并丰富人们的生活；而玉文化则是做减法，“玉不琢，不成器”，把自然的东西，经过打磨加工，变成一件精美的艺术品。陶瓷文化与玉文化都是我们艺术宝库中的上乘瑰宝，要好好珍惜。我们也相信，福泰陶瓷在苏总的带领下，能够做得更大更强。这不单单是经济发展的需要，更是文化传承的需要，或许，后者的意义要更大。

后记

坚守儒学的信仰

在学界和民间，关于儒学是不是宗教的问题，从来都是见仁见智。君主时代的中国，儒、释、道“三教”并尊，尽管中途间或此消彼长，但毕竟大道同源，三“教”无不发心向善，并皆具包容和合的理论品质。正如文化老人文怀沙先生所言：“盖凡大善智识，咸具大千慈悲。”当然，这里的“教”，既可为“教派”，亦可为“教化”。在今天，民间依然有很强大的一股呼声，倡导儒学宗教化。与诸多儒门贤达交流，其实大家无不为今日政府对传统文化的褒扬与扶持感到欣慰，但呼唤“儒教”，更大的意图在于建构以儒学价值观为核心的国民信仰体系。就是说，今天的国人，更需要的是坚定笃实之信仰。

梁启超曾说：“信仰是神圣的，在一个人为一个人的元气，在一个社会为一个社会的元气。”照此说，信仰也是关乎一个国家兴衰存亡的元气。“万物之生，皆禀元气。”(《论衡》)热衷于探讨信仰并追寻真信仰、真精神的志士仁人，通常不会为个人名利计，尽管他们大多都在本业上默默无闻地对抗着碌碌无为，但也无时无刻不在思虑，如何在中国这片古老而不乏生机的土地上固本培元，返本开新。

儒学到底是不是宗教，我们可以留给学术去探讨，但两千年来，儒学实实在在发挥着宗教性的作用，当是实情。我们说儒家的核心主张与社会主义核心价值观是相通的，“孔”与“马”也是相通的。20世纪20年代，郭沫若先生写过一篇小短文，叫《马克思进文庙》，让孔子和马克思玩了一次穿越，两人在文庙里见面并交流了一番。最后，马克思感慨道：“我不想在两千年前，在远远的东方，已经有了你这样的一个老同志！”所以，早在马克思主义刚刚传入中国不久，“孔”“马”就开始“握手”了。今天学者探讨的“孔”“马”问题，显然也符合冯友兰先生的“照着讲”和“接着讲”之说了。

信仰能让热情一直处在上岗的状态。

马克思主义不是宗教，但无人否定其信仰价值，儒学同样堪为中国人的精神元气和最高信仰。干事创业，既要敢于担当，又要激情四射，矢志不移。已故北大教授汤一介先生不顾体弱多病，以76岁高龄受命担任《儒藏》首席专家，为儒家经典的编辑呕心沥血，鞠躬尽瘁；颜炳罡、赵法生等学人以“背着干粮为孔子打工”的精神，长期扎根乡镇，践行“乡村儒学”；山西朔州地税局工作人员邸继文先生在艰苦条件下弘扬国学，被人称作推广国学的“朔州模式”；江苏南通胡晖莹女士开展“知止堂义学”，从兴趣到责任，默默地把儒学信仰根植到少年儿童的内心之中；……是信仰，让激情和热心永不褪色。

儒学的最高代表孔子，曾经被我们这个民族的绝大多数人狠狠打倒。但或许我们也该为此感到“幸运”——若没有昔日的浩劫，或许就没有今日的自省与回归。历史地看，唯有孔子堪为中华民族的最大公约数，打倒他，便意味着民族信仰没了灵魂，其他任何人都无可替代。就像鲍鹏山先生在《孔子传》后记中所言：“孔子深居中国文化的核心，是中国人思想与信仰的根据。”中国孔子基金会王大千理事长也曾多次语重心长地说：“你认识不认识孔子，孔子都是孔子；但你认识了孔子，你的人生将会不同。”人生如此，民族和国家更是如此。

我一直认为，坚守儒学的信仰之人，可以用两个词来形容：一是“瑚琏之器”，一是“有脚阳春”。“瑚琏之器”原是孔子送给他的杰出弟子子贡的一个称谓，“瑚”“琏”都是祭祀所用的高档礼器，孔子用它们来喻子贡，是指他有才能，堪当重任。“有脚阳春”是唐朝百姓对一代贤相宋璟的美誉，他走到哪里，就能把温暖和幸福带到哪里，为官一任，造福一方，受人爱戴。品德、才华、担当、热情、贡献，当是一位真儒者的“标配”。

儒学不提彼岸世界，这也是不被视为宗教的一个原因。孔子很少会告诉人，按照儒家标准去做，个人会得到什么好处和实惠，但他人和社会却会因儒言儒行而受益。儒风即春风，儒者即义工，崇奉的是“大家好才是真的好”。退有孔颜之乐，进有成仁之作，这就是坚守儒学信仰的意义所在。

本书的访谈对象，无疑都是社会各界之翘楚，但他们最典型的共性，便是对灵魂有拷问，对文化有追求，对社会有担当。非常有幸，这几年能够在大千理事长身边聆听赐教，他对儒学信仰的执着、对传承经典的热心、对知行合一的追求，令人感佩、折服。他赞佩梁漱溟先生对生活的“郑重”精神，并延伸到“郑重”地待人、求知、思索、兴业。“高山仰止，景行行止。”我没有一点理由去固步自封、裹足不前。

感谢刘玉泉先生题写书名，马树峰先生为本书提供封面配图及内页插图；感谢《儒风大家》许发刚、李路先生的支持；更要感谢山东大学出版社领导的关心和支持以及编辑老师不辞辛劳地付出。最后，还是要感谢大千理事长给愚钝的我这么一个学习和成长的难得机会。

“路漫漫其修远兮，吾将上下而求索。”

常　强

2015 年冬识于济南